Das Recht der Auslandsbanken in den USA
nach dem International Banking Act 1978

D1699741

Band 1 der
Schriften zum deutschen und ausländischen
Geld-, Bank- und Börsenrecht

herausgegeben von
Karl Dietrich Bundschuh, Richter am Bundesgerichtshof
Prof. Dr. Walther Hadding und
Prof. Dr. Uwe H. Schneider

Das Recht
der Auslandsbanken in den USA
nach dem
International Banking Act 1978

Mit Übersetzung
des International Banking Act 1978

Von

Dr. Günter Böttger und Dr. Klaus Uebe

Fritz Knapp Verlag  **Frankfurt am Main**

ISBN 3-7819-2710-5

Copyright 1982 by Fritz Knapp Verlag
Satz: RDW Typowerkstätte, Frankfurt am Main 70
Druck: IVD Industrie und Verlagsdruck, Walluf
Umschlagentwurf: Friedrich K. Sallwey

Printed in Germany

Inhalt

Vorwort

Das Geld-, Bank- und Börsenrecht gehört zu den Rechtsgebieten, die in den letzten Jahren in der täglichen Praxis, in der Rechtsprechung, in der wissenschaftlichen Forschung und in der Lehre zunehmend an Bedeutung gewonnen haben. Das hat viele Gründe. Der Kapitalmarkt, die Struktur des Kreditgewerbes und deren Funktionsfähigkeit sind mitentscheidend für die Entwicklung in der Wirtschaft. Die Kreditinstitute tragen wesentlich zur Finanzierung der Unternehmen und der Erfüllung öffentlicher Aufgaben bei, sie fördern das Sparen und vergeben Kredite an Private, sie sind im Zahlungsverkehr tätig und bei der Anlageberatung. Zur Förderung dieser ihrer Aufgaben haben die Kreditinstitute ein reiches modernes Angebot entwickelt und sich dabei auch technische Neuerungen, wie etwa die elektronische Datenverarbeitung, dienstbar gemacht.

Aus der wachsenden Bedeutung und den vielfältigen neuen Formen des Zahlungswesens, des Kreditwesens und des Effektenwesens haben sich zugleich auch zahlreiche Rechtsfragen ergeben, und zwar auf nahezu allen Rechtsgebieten, im Vertragsrecht, im Steuerrecht, im Kartellrecht ebenso wie im Strafrecht. Die weltweite Tätigkeit deutscher Kreditinstitute zwingt dazu, Problemlösungen auch im Blick auf ausländische Rechtsordnungen zu suchen, um die Arbeit auch über die Grenzen zu ermöglichen, zu fördern und die internationale Konkurrenzfähigkeit zu erhalten.

Die Herausgeber und der Verlag wollen mit der neuen Reihe: „Schriften zum deutschen und ausländischen Geld-, Bank- und Börsenrecht" ein Forum schaffen, das in gleichem Maße Praktikern und Wissenschaftlern Gelegenheit bietet, Untersuchungen zum geltenden Recht, rechtspolitische Stellungnahmen sowie umfangreiche Referate und Vorträge aus Seminaren zum Bankrecht zu veröffentlichen.

Karl Dietrich Bundschuh   *Walther Hadding*   *Uwe H. Schneider*

Abkürzungsverzeichnis

BHCA	Bank Holding Companies Act
C.F.R.	Code of Federal Regulations
FBLR	Federal Banking Law Reporters, Loseblatt-sammlung, herausgegeben von Commerce Clearing House, Chicago, USA.
FDIC	Federal Deposit Insurance Corporation
F.R.	Federal Register
FRA	Federal Reserve Act
F. Supp.	Federal Supplement
IBA	International Banking Act
IBF	International Banking Facilities
OCC	Office of the Comptroller of the Currency
SEC	Securities and Exchange Commission
Stat.	Statues
U.S.	United States Supreme Court Reports
U.S.C.	United States Code

A. Einleitung

I. Inkrafttreten des International Banking Act

Der International Banking Act der Vereinigten Staaten von Amerika ist am 17. September 1978 in Kraft getreten. Mit ihm wurden die bereits in den 60er Jahren eingeleiteten und ab 1974 mit Nachdruck wieder aufgenommenen gesetzgeberischen Bestrebungen, die Rechtsstellung und die Geschäftstätigkeit ausländischer Banken in den USA umfassend und neu zu regeln, zu einem vorläufigen Abschluß gebracht[1]. Die gesetzliche Regelung hat aber nicht nur für die ausländischen Kreditinstitute Bedeutung, sondern sie geht weit darüber hinaus. Betroffen sind auch alle anderen ausländischen Unternehmen, die in den Vereinigten Staaten von Amerika tätig werden, etwa eine Beteiligung erwerben wollen, wenn an diesem Unternehmen ein Kreditinstitut eine Schachtelbeteiligung hält. Der Gesetzestext selbst läßt dabei jedoch nur annähernd das tatsächliche Ausmaß der Neuregelung erkennen. Die Statuierung der Einzelbestimmungen, die im täglichen Bankgeschäft zu beachten sind, wurde in weitem Umfang den Bankenaufsichtsbehörden des Bundes als Verordnungsgebern zugewiesen. Von diesen hat vor allem der Federal Reserve Board die Ermächtigungsgrundlagen des International Banking Act gründlich ausgeschöpft. Dessen Rechtsverordnungen gehen in Teilbereichen sogar über die Konkretisierung der gesetzlichen Tatbestandsmerkmale hinaus, indem sie etwa im Bereich des interstate banking – in verfassungsrechtlich nicht unbedenklicher Weise – eigene Voraussetzungen und Beschränkungen statuieren[2]. Dies macht es unentbehrlich, neben dem International Banking Act die Rechtsverordnungen der Aufsichtsbehörden heranzuziehen.

Die vom International Banking Act geforderten Regulations liegen erst seit Anfang 1981 – knapp drei Jahre nach Inkrafttreten des Gesetzes – vollständig vor. Zugleich im Blick auf die darin enthaltenen Bestimmungen soll im nachfolgenden vor dem Hintergrund der bis-

---

1) Zum Überblick über die Entstehungsgeschichte vgl. *Möschel*, Das Trennsystem in der U.S.-amerikanischen Bankwirtschaft, S. 173 ff.; *Reisner*, A developmental perspective on the International Banking Act of 1978, 1980 The University of Illinois Law Forum, S. 2 ff.; *Hablutzel, Lutz*, Foreign banks in the United States after the International Banking Act of 1978: The New Dual System, 1979, The Banking Law Journal, 144 ff.; *Gerber, Peltzer*, International Banking Act of 1978, ZfGK 1980, 134; *Taymans*, La réglementation des banques étrangères aux Etats-Unis, avant et après le passage de l'»International Banking Act of 1978«, Revue de la Banque 1979, 181 ff.
2) Hierzu unten Kapitel C II 4 e.

herigen Rechtslage ein Überblick über die Neuerungen im amerikanischen Bankrecht gegeben werden.

II. Zweck des Gesetzes

Mit dem Erlaß des International Banking Act wurden zwei Ziele verfolgt[3]:
- die Herstellung von Gleichheit im Wettbewerb auf dem amerikanischen Markt zwischen amerikanischen und ausländischen Kreditinstituten auf der Grundlage rechtlicher Gleichbehandlung aller Institute;
- die Erstreckung bundesstaatlicher Bankenaufsicht auf die in den USA tätigen ausländischen Banken.

1) Beschränkungen bei der Gesetzgebung

Bei der Verwirklichung dieser Ziele sah sich der amerikanische Gesetzgeber zahlreichen Hindernissen sowohl kompetenzrechtlicher als auch wirtschaftspolitischer Natur gegenüber[4]. Dies zwang zum Zurückstecken im regulativen Bereich und zu Kompromißlösungen.

a) Kompetenzrechtliche Schranken

Die Angleichung der Rechtsstellung ausländischer Banken an die der inländischen Banken war nur durch ein Bundesgesetz möglich; jeder andere Ansatz wäre an der Unmöglichkeit einer inhaltlichen als auch zeitlichen Koordinierung der einzelnen Staatengesetzgeber gescheitert. Mit dem Tätigwerden des Bundesgesetzgebers waren diesem zugleich aber auch seine Grenzen vorgegeben. Das amerikanische Bankrecht ist ein duales System, das zwischen Banken mit Einzelstaatenzulassung und Banken mit Bundeszulassung unterscheidet. Nur für letztere kann der Bundesgesetzgeber die Zulassung zum Bankgewerbe und die Geschäftstätigkeit regeln. Hier mußte das Ziel einer völligen Gleichstellung der Auslandsbanken mit amerikanischen Banken zugunsten der Beibehaltung des dualen Banksystem aufgegeben werden.

---

3) Foreign Bank Act of 1975: Hearings before the Subcommittee on Financial Institutions of the Senate Committee on Banking, Housing and Urban Affairs, 94th Congress, 2nd Session, 26, 29.
4) *Reisner* (Fußnote 1), 1 ff.

b) Wirtschaftspolitische Schranken

Zu den kompetenzrechtlichen Schranken traten wirtschaftpolitische Erwägungen, die dem gesetzgeberischen Gestaltungswillen Grenzen zogen.

aa) Ausländische Banken glaubten in den Entwürfen und Vorentwürfen zum International Banking Act 1978 eher protektionistische Bestrebungen als das Bemühen um Gleichheit im Wettbewerb zu entdecken[5]. „Gleiche rechtliche Behandlung mit amerikanischen Banken" bedeutete für sie in erster Linie nicht nur Verlust bisheriger Vorzugsstellungen gegenüber amerikanischen Banken, wie etwa im Bereich des interstate branching und der gleichzeitigen Tätigkeit im Emissions- und Effektengeschäft, sondern sogar noch darüber hinausgehende Verschlechterungen: Die Anwendung des Bank Holding Company Act 1970 auf ausländische Banken und die damit verbundenen Beteiligungsbeschränkungen im Nicht-Banken-Bereich drohte insbesondere die deutschen Banken aus dem amerikanischen Markt hinauszudrängen[6]. Die entschiedenen Stellungnahmen der ausländischen Bankenvertreter in den Senatshearings sowie die Furcht des amerikanischen Bankgewerbes vor einer gleichermaßen strengen Behandlung ihrer Auslandstöchter durch die jeweiligen Staaten erzwangen hier ein teilweises Nachgeben. Kompromißlösungen in der Form von abgestuften Besitzstandsgarantien konnten zwar für die bereits in den USA vertretenen Banken die Verdrängungsgefahr abwenden, zementierten andererseits aber die bestehende Ungleichheit zwischen amerikanischen und ausländischen Instituten.

bb) Zu berücksichtigen waren vom Gesetzgeber aber auch wirtschaftspolitische Überlegungen, die ihren Ursprung im inneramerikanischen Bereich hatten. Die Entwürfe zum International Banking Act 1978 enthielten den Vorschlag, ausländischen Banken das interstate banking nur insoweit zu eröffnen, als dies auch den amerikanischen national banks gestattet ist. In der Praxis wäre dies einem Verbot des interstate banking gleichgekommen, da die Errichtung von Bankvertretungen außerhalb ihres Sitzstaates den national banks verwehrt ist und eine Änderung der entsprechenden Bundesgesetze nicht erwartet werden kann. Wäre dieser Vorschlag Gesetz geworden, so hätte dies zu

---

5) Statement of Banking Federation of the European Community on H. R. 10899, in: International Banking Act of 1978, Hearing before the Subcommittee on Banking, Housing, and Urban Affairs, United States Senate, 95th Congress, 2nd Session, H.R. 10899, Juni 1978; (ohne Verfassernamen) Die europäischen Banken wollen sich wehren, Handelsblatt vom 3. 8. 1976.

6) (ohne Verfassernamen) The nonbanking activities of foreign banks and the International Banking Act of 1978, 1980 The University of Illinois Law Forum, S. 346 ff.

einer Konzentration ausländischer Banken auf New York als den bedeutendsten Finanzplatz geführt und die Entstehung neuer, internationaler Finanzplätze in den USA verhindert. Hier verbot die Rücksichtnahme auf die wirtschaftlichen Entwicklungsmöglichkeiten der übrigen Einzelstaaten die völlige Gleichstellung ausländischer Banken mit den amerikanischen national banks[7].

2) Das Prinzip des national treatment

Der Zwang zu Kompromißlösungen und Teilregelungen ließ den International Banking Act zu einem komplizierten und wegen der zahlreichen Verweise auf andere Gesetze schwer lesbaren Gesetzeswerk werden. Es kommt hinzu, daß für die Praxis wichtige Detailregelungen aus dem Gesetz selbst ausgespart und der Regelung durch Rechtsverordnung überlassen wurden. Das ursprüngliche Konzept des „equal treatment" aller in den USA tätigen Banken ist dabei weitgehend zugunsten eines „national treatment" aufgegeben worden[8]: Ausländische Banken können danach zwar anderen rechtlichen Regelungen unterstellt werden als amerikanische Banken, die Ungleichbehandlung soll jedoch auf das erforderliche Minimum beschränkt werden. Die auf der Grundlage dieses Konzepts getroffenen Regelungen sind gegenüber den in den Entwürfen zum International Banking Act ehemals enthaltenen Vorschlägen weniger rigoros; sie haben dennoch die Geschäftstätigkeit ausländischer Banken in den USA tiefgreifend beeinflußt. Von welcher Tragweite die Neuregelungen sind, erschließt sich in dem gesamten Umfang erst aus der Kenntnis der Strukturen des amerikanischen Bankrechts und der bis dahin zulässigen und von den Auslandsbanken auch gepflegten Bankgeschäfte.

---

7) Federal Reserve Board Explanation zu 12 C.F.R. 211, FBLR Nr. 98.426.
8) International Banking Act of 1978, Senate Hearings (vgl. Fußnote 5), S. 64.

B. Die Rechtslage vor Inkrafttreten des International Banking Act 1978

Ausländische Banken, die vor dem Erlaß des International Banking Act 1978 Zugang zum amerikanischen Markt suchten, fanden dort eine eigentümliche Rechtslage vor[9]. Sie waren einerseits in bedeutenden Geschäftsbereichen gegenüber amerikanischen Banken bevorzugt: So waren sie von dem Verbot des gleichzeitigen Betreibens des commercial banking und des investment banking ausgenommen, auf dem Gebiet des interstate banking genossen sie Vorteile. Auf der anderen Seite blieben ihre Rechte jedoch in Teilbereichen hinter denen der amerikanischen Banken zurück. Im Unterschied zu diesen war Auslandsbanken etwa der Beitritt zur Federal Deposit Insurance sowie zum Federal Reserve System verwehrt – eine rechtliche Benachteiligung übrigens, die von den Auslandsinstituten nicht als allzu schwerwiegend empfunden wurde.

Die Unterscheidung in der rechtlichen Behandlung von ausländischen und amerikanischen Banken vor Inkrafttreten des International Banking Act 1978 darf nicht als Ausdruck einer bewußt darauf gerichteten Politik verstanden werden. Sie ist vielmehr das zufällige Ergebnis der Struktur des amerikanischen Bankrechts und der uneinheitlichen Bankgesetzgebung der einzelnen Bundesstaaten.

I. Die Strukturen des amerikanischen Bankensystems

Dem amerikanischen Bankrecht unterliegen zwei Strukturprinzipien[10]:

– die Trennung zwischen dem commercial banking, d. h. dem Einlagen- und Kreditgeschäft einerseits und dem investment banking, d. h. dem Emissions- und Effektengeschäft andererseits (Trennsystem);

– die Zuweisung bankenaufsichtsrechtlicher Befugnisse teils an den Bund und teils an die Einzelstaaten (Dualsystem).

---

9) *Reisner* (Fußnote 1), 8 ff.

10) *Möschel*, S. 33 ff.; *Schulz-Hennig*, Bank Holding Companies im Wirtschaftsrecht der USA, S. 36 ff.; ausführlich *Hackley*, Our baffling banking system, 52 Virginia Law Review, S. 65; *Dormanns*, Die amerikanischen Banken – das System und die derzeitigen Reformbestrebungen, Bank-Betrieb 1976, 191 ff.; 241 ff.; *Osthoff*, Das Bankwesen in den USA, Die Bank 1980, 371 ff.

1) Das Trennsystem

Der Banking Act aus dem Jahr 1933, nach seinen Initiatoren Glass-Steagall Act genannt, verbot den Geschäftsbanken das gleichzeitige Betreiben des commercial banking und des investment banking[11]. Die Banken mußten das Emissions- und Effektengeschäft aufgeben. Institute, die dieses Geschäft betreiben, dürfen seither nicht mehr in ihrer Firma das Wort „Bank" führen. Sie werden als „securities firms" bezeichnet. Die folgenden Erläuterungen zum amerikanischen Bankensystem beziehen sich daher nicht auf Institute, die das investment banking betreiben. Diese securities firms unterliegen dem Securities Act 1933 (Wertpapiergesetz, das die Emission von Wertpapieren regelt) und dem Securities Exchange Act 1934 (Wertpapiergesetz, das den Verkehr von Wertpapieren regelt). Zuständig für die Durchführung dieser Gesetze ist die U. S. Securities and Exchange Commission (SEC) in Washington[11a]. Der International Banking Act enthält lediglich Regelungen für das commercial banking.

Die Trennung der beiden Geschäftsbereiche war die Antwort des Gesetzgebers auf die ca. 15.000[12] Bankzusammenbrüche in der Zeit von 1920 bis 1933, von denen vor allem während der Wirtschaftskrise Ende der zwanziger Jahre ein Großteil auf Fehlspekulationen im Effektengeschäft zurückzuführen war. Die Zahl der wegen finanzieller Schwierigkeiten geschlossenen Banken ging nach Verabschiedung des Glass-Steagall Act dramatisch zurück; in der Zeit von 1934 bis 1942 waren zwar immer noch 490 Bankschließungen zu verzeichnen, in der Folgezeit bis zum Jahr 1978 jedoch insgesamt nur noch 202.

Es wäre sicherlich eine verkürzte Betrachtungsweise, wollte man diese Entwicklung allein auf den Glass-Steagall Act zurückführen; die Überwindung der Wirtschaftskrise und der danach eingetretene wirtschaftliche Aufschwung wirkten ebenfalls stabilisierend auf die Bankenlage. Die Trennung des commercial banking von dem investment banking zwang jedoch die amerikanischen Banken, sich für einen der beiden Geschäftsbereiche zu entscheiden. Die dadurch eingeleitete Spezialisierung der Banken sollte die Gewähr bieten, daß Fehleinschätzungen wegen unzureichender Marktkenntnisse, wie sie

---

11) *Karmel: Glass-Steagall:* Some critical reflections, 1980 The Banking Law Journal, 631 ff.

11a) *Aronstein, Henck, Franke,* Amerikanisches Wirtschaftsrecht, Beilage 2 zu Betriebs-Berater, Heft 6, 1981, S. 7 f.

12) *Fischer,* The structure of the commercial banking system 1960 - 1985, 62 The Journal of Commercial Bank Lending, S. 55 - 57.

während der Bankenkrise Ende der zwanziger Jahre zutage getreten waren, vermieden werden.

a) Der Banking Act 1933

Die gesetzliche Regelung des Trennsystems ist sehr knapp; es sind im wesentlichen die in § 16, § 21 und § 32 Banking Act 1933 enthaltenen Bestimmungen, die die Abkehr vom Universalbankensystem statuiert haben[13].

aa) § 16 verbietet Geschäftsbanken, direkt im Wertpapiergeschäft tätig zu sein, Wertpapiere für eigene Rechnung zu halten sowie für eigene Rechnung Anteile an irgendeiner Gesellschaft zu erwerben. Das Gesetz läßt eine Reihe von Ausnahmen von diesem Verbot zu. So dürfen Banken in eigenem Namen Staatspapiere handeln sowie den Wertpapierhandel in Ausführung von Kauf- oder Verkaufsaufträgen durch Bankkunden betreiben. Über die „incidental-Klausel" ist ihnen außerdem im banknahen Geschäftsbereich in bestimmtem Rahmen der Anteilserwerb an Gesellschaften erlaubt. Zu nennen sind hier vor allem der Anteilserwerb zur Ablösung notleidender Kredite oder bei Verfall eines Pfandes sowie der Erwerb von Anteilen an einer Edge-Corporation oder einer bank service corporation[14].

§ 16 Banking Act 1933 gilt unmittelbar nur für Banken mit einer Bundeszulassung. Der Anwendungsbereich dieser Vorschrift wird jedoch durch § 9 Federal Reserve Act auf solche Banken mit Einzelstaatenzulassung erstreckt, die Mitglieder des Federal Reserve System sind. Für Nichtmitglieder wird das Trennsystem durch das Bankenrecht der Einzelstaaten normiert.

bb) Entsprechend verbietet § 21 Banking Act 1933 Instituten, die im Bereich des investment banking tätig sind, zugleich das Einlagengeschäft zu betreiben. Die Vorschrift gilt für alle Institute, unabhängig davon, welche Zulassung sie haben.

---

13) *Möschel*, S. 38 ff. Zur gerichtlichen Auslegung des Glass-Steagall Act vgl. *Clark, Saunders,* Judicial interpretation of Glass-Steagall: The need for legislative action, 1980 The Banking Law Journal, S. 721 ff.; *Hew*, Entwicklungstendenzen im amerikanischen Bankensystem, S. 48 ff.
14) Zu den bank service corporations vgl. die Spezialregelung im Bank Service Corporation Act, 12 U.S.C. § 1861 ff. Comptroller of the Currency Staff Interpretative Letter No. 160.

cc) Ergänzt wird die in § 16 und § 21 Banking Act 1933 angeordnete institutionelle Trennung des commercial banking von dem investment banking durch § 32 dieses Gesetzes, der auch im personellen Bereich die völlige Trennung der Geschäftssparten sicherstellt. Verboten ist es danach für einen director, leitenden Angestellten oder sonstigen Angestellten eines Investment-Instituts, gleichzeitig director, leitender Angestellter und sonstiger Angestellter einer Geschäftsbank zu sein, die Mitglied des Federal Reserve System ist; Ausnahmen können zugelassen werden.

b) Die Bank Holding Company Acts

Das Verbot der gleichzeitigen Betätigung im commercial banking und im investment banking veranlaßte, nach Auswegen zu suchen, die trotz des Banking Act 1933 ein Engagement in beiden Geschäftsbereichen ermöglichen sollten. Der Erwerb von Kapitalbeteiligungen durch eine Geschäftsbank an einer investment bank (und umgekehrt) oder die gemeinsame Anteilsinhaberschaft schieden aus, da diese naheliegende Möglichkeit bereits durch § 20 Banking Act 1933 ausgeschlossen war. Die Lösung des Problems bot sich in der Gründung von Holding Gesellschaften, die die Anteile an Instituten beider Geschäftsbereiche erwarben, ohne daß dadurch gegen das Gebot der institutionellen, kapitalmäßigen und personellen Trennung der Geschäftsbanken und security firms verstoßen wurde. Allerdings war auch dadurch den Geschäftsbanken der Zugang zum investment banking nur unter Ausschluß des Wertpapiergeschäfts eröffnet. Der Banking Act 1933 hatte die Holding Company bereits als mögliches Ausweichinstrumentarium vor der gesetzlichen Regelungsintention erkannt und erstmalig in § 2 Bestimmungen über holding company affiliates getroffen. Vorgesehen war, daß Holdinggesellschaften ihr Stimmrecht in Tochtergesellschaften nur mit Erlaubnis des Federal Reserve Board ausüben durften und daß - neben anderen Voraussetzungen - diese Erlaubnis zu versagen war, wenn die Holdinggesellschaft entweder direkt oder indirekt mit dem Wertpapiergeschäft verbunden war.

Der Schutz des Trennsystems durch die Bestimmungen über die Holdinggesellschaften war jedoch unvollkommen. So griff der Banking Act 1933 nur ein, wenn eine der beteiligten Banken eine member bank, d. h. eine Bank mit Mitgliedschaft im Federal Reserve System war. Beteiligungen im Nichtbankenbereich waren mit Ausnahme des Wertpapiergeschäfts weiter zulässig. Abhilfe wurde hier erst durch die Bank Holding Company Acts aus den Jahren 1956 und 1970 geschaffen, die die bis dahin für Holdinggesellschaften bestehenden Lücken im

Trennsystem schlossen[15]. Erreicht wurde das, indem für Holdinggesellschaften, die eine Geschäftsbank kontrollierten, Beteiligungsschranken an Instituten im Effekten- und Wertpapierbereich sowie im Nichtbankenbereich statuiert wurden. Nach der gesetzlichen Definition übt eine Gesellschaft die Kontrolle über eine Bank aus[16],

„(a) wenn die Gesellschaft direkt oder indirekt oder durch eine oder mehrere Personen mindestens 25% der stimmberechtigten Anteile der Bank hält, kontrolliert oder das Stimmrecht daraus ausüben kann,

(b) wenn die Gesellschaft auf irgendeine Art die Wahl der Mehrheit der directors oder trustees der Bank kontrolliert oder

(c) der Board (d. h. der Board of Governors of the Federal Reserve System) nach vorheriger Anzeige und Gelegenheit zur Anhörung feststellt, daß die Gesellschaft direkt oder indirekt einen beherrschenden Einfluß auf das Management oder die Geschäftspolitik der Bank ausübt."

Übt eine Holdinggesellschaft eine derartige Kontrolle über eine Bank oder eine andere Holdinggesellschaft aus, so darf sie an security firms, Brokerfirmen sowie Handels- und Industrieunternehmen nur noch Beteiligungen von nicht mehr als 5 % halten. Ausnahmen von den Beteiligungsschranken sind im banknahen Bereich zulässig, bedürfen jedoch der ausdrücklichen Zulassung durch Gesetz oder Verordnung des Federal Reserve Board.

Mit der Beschränkung von Beteiligungen der Bank Holdinggesellschaften im Nichtbankenbereich war der Schutz des Trennsystems verbessert worden. Komplettiert wurde er dadurch, daß die Anwendbarkeit der Bank Holding Company Acts 1956/1970 - anders als beim Banking Act 1933 – nicht mehr davon abhängig gemacht wurde, daß die kontrollierte Bank Mitglied des Federal Reserve System sein mußte.

2) Das Dualsystem

a) Die Trennung zwischen state banks und national banks

Das amerikanische Banksystem ist von einer Zweiteilung durchzogen: Zu unterscheiden ist zwischen Banken, die nach Bundesrecht, und Banken, die nach dem Recht der Einzelstaaten gegründet und betrieben

---

15) Ausführlich dazu *Schulz-Hennig*, Bank Holding Companies im Wirtschaftsrecht der USA; *Lehr, Hammond,* Regulating foreign acquisition of U.S. Banks: The CBCA and the BHCA, 1980 The Banking Law Journal, S. 101 ff.
16) § 2 (a) (2) Bank Holding Company Act 1956.

werden. Beide Systeme stehen gleichberechtigt und unanhängig nebeneinander[17].

Die Entstehung dieses dualen Banksystems geht zurück auf den National Currency Act von 1863 und den National Bank Act aus dem Jahr 1864, deren Zweck neben der Vereinheitlichung der Währung vor allem die Förderung des Verkaufs von Bundesanleihen war, um die Kosten des Bürgerkrieges aufzubringen[18]. Verwirklichen ließen sich diese Ziele eher durch Banken, die unmittelbar Bundesrecht und der Kontrolle von Bundesbehörden unterlagen, als durch die jeder direkten Einflußnahme der Bundesregierung entzogenen Banken der Einzelstaaten. Der National Bank Act 1864 begründete dementsprechend die Kompetenz des Bundes, eigene Gesetze über die Gründung und den Betrieb von Banken und deren Kontrolle zu erlassen[19]. Für die Einzelstaaten bedeutete der Erlaß des National Bank Act Verlust der bis dahin bestehenden ausschließlichen Zuständigkeit zur Erteilung von Bankenkonzessionen; ihre Gesetzgebungskompetenz auf dem Gebiet des Bankrechts blieb im übrigen jedoch unangetastet.

Folge des bis heute beibehaltenen dualen Banksystems ist, daß je nachdem, wer die Zulassung zum Betreiben des Bankgeschäfts erteilt hat, zu unterscheiden ist zwischen state banks, d. h. Banken mit Einzelstaatenkonzession, und national banks, d. h. Banken mit Bundeskonzessionen. Diese Unterscheidung ist von Bedeutung in dreifacher Hinsicht:

(1) Die Voraussetzungen zur Zulassung zum Bankgewerbe sowie die die Geschäftstätigkeit regelnden Bestimmungen können unterschiedlich sein; so etwa weichen in zahlreichen Einzelstaaten die Anforderungen an die Mindestkapitalausstattung bei Gründung einer Bank von den bundesgesetzlichen Erfordernissen für national banks ab; die Bestimmung des legal lending limits, d. h. die Höchstbetragsgrenzen für Kredite, ist häufig unterschiedlich.

(2) State banks und national banks unterliegen jeweils der Kontrolle eigener Aufsichtsbehörden.

---

17) *Glidden, Shockey,* U.S. branches and agencies of foreign banks: A comparison of the federal and state chartering options, 1980 The University of Illinois Law Forum 65 ff.; *Scott,* The patchwork quilt: state and federal roles in bank regulation, 32 Stanford Law Review (1980), 687 ff.; *Frommel* Bankensystem und Finanzierungsmethoden in den USA, Mitteilungen der Bundesstelle für Außenhandelsinformation, Juni 1975.

18) Vgl. FBLR Nr. 1308.

19) Banken mit Zulassung durch den Bund waren früher jedoch auch schon bekannt gewesen: So waren die Bank of North America (1871), die First Bank of the United States (1791) und die Second Bank of the United States (1816) bereits nach Bundesrecht inkorporiert.

20

(3) Für national banks besteht anders als für state banks eine Zwangs-mitgliedschaft im Federal Reserve System und in der Federal Deposit Insurance Corporation (FDIC).

b) Ausdehnung bundesgesetzlicher Zuständigkeiten auf state banks

Diese strenge Trennung zwischen bundesrechtlichen und einzelstaat-lichen Banksystemen hat durch Maßnahmen des Bundesgesetzgebers zahlreiche Durchbrechungen erlitten; von einer dualen Strukturierung des Bankwesens kann heute nur noch bedingt gesprochen werden. Zurückzuführen ist diese Entwicklung auf zwei Bundesgesetze, den Federal Reserve Act aus dem Jahr 1913 und den Federal Deposit Insurance Act aus dem Jahr 1933. Beide Gesetze haben vor allem im Bereich der Bankenaufsicht den Bundesbehörden weitgehende Auf-sichtsbefugnisse auch über state banks zugewiesen.

aa) Das Federal Reserve System

Durch den Federal Reserve Act wurde das Federal Reserve System errichtet[20]. Während für national banks eine Zwangsmitgliedschaft im Federal Reserve System besteht, ist den state banks der Beitritt freige-stellt[21]. Verbunden mit der Mitgliedschaft im Federal Reserve System ist einmal die Verpflichtung zur Reservehaltung bei der Federal Reserve Bank, andererseits wird den Mitgliedsbanken der Zugang zum „dis-count-window" der Reservebank eröffnet. Insgesamt haben sich gegen-wärtig 39 % aller Banken dem Federal Reserve System angeschlossen, die zusammen jedoch etwa 72 % aller Einlagen auf sich vereinen. Es sind im wesentlichen nur noch die kleineren Banken, die sich gegen eine Mitgliedschaft entschieden haben.

In bankenaufsichtsrechtlicher Hinsicht bedeutet der Beitritt zum Federal Reserve System für die state banks, daß sie nunmehr als sog. state member banks auch der Aufsicht des Federal Reserve Board als der zuständigen Bundesaufsichtsbehörde für alle Mitgliedsbanken unter-fallen. Diese Aufsicht tritt neben die von den Behörden der Einzelstaa-ten ausgeübte allgemeine Bankenaufsicht.

---

20) Federal Reserve Act § 2 (12 U. S. C. 221); vgl. die Gesamtdarstellung des Federal Re-serve System in FBLR Nr. 35.104 ff.
21) Federal Reserve Act §§ 2, 9.

bb) Die Federal Deposit Insurance Corporation

Ebenfalls zur Begründung von Bundeskompetenzen gegenüber state banks hat der Federal Deposit Insurance Act geführt. Durch dieses Gesetz wurde die Federal Deposit Insurance Corporation (FDIC) geschaffen, ein mit eigener Rechtspersönlichkeit und Aufsichtsbefugnissen ausgestatteter Einlagensicherungsfonds[22]. Ebenso wie beim Federal Reserve System besteht auch hinsichtlich der FDIC eine Pflichtmitgliedschaft der national banks, während den state banks der Beitritt freigestellt ist[23]. Nahezu alle state banks, die im einlagenannehmenden Geschäftsverkehr tätig sind, haben sich dem Einlagensicherungssystem der FDIC angeschlossen.

Die FDIC übt eine eigene Aufsicht aus. Die Aufsichtsbefugnis erstreckt sich auf alle bei ihr versicherten Institute, also auch auf die state banks.

c) Die Banktypen im dualen Bankensystem

Unter dem Gesichtspunkt der Konzessionierung und der Bankenaufsicht sind folgende Banktypen zu unterscheiden:

National banks: Banken, denen die Konzession zum Bankgewerbe durch den Bund erteilt worden ist;

State banks: Banken, denen die Konzession zum Bankgewerbe von einem Einzelstaat erteilt worden ist und die weder Mitglied des Federal Reserve System noch der FDIC sind;

State member banks: State banks, die Mitglied des Federal Reserve System sind;

Non-member insured banks: State banks, die Mitglied der FDIC sind, nicht jedoch dem Federal Reserve System beigetreten sind.

Der Status einer Bank ist mit der einmal erteilten Konzession durch einen Einzelstaat oder durch den Bund nicht unveränderlich auf Dauer festgelegt. Eine state bank kann jederzeit in eine national bank umgewandelt werden; gleiches gilt umgekehrt für die national banks.

---

22) 12 U.S.C.1811; dazu *Barnett, Horvitz, Silverberg*, Deposit insurance: the present system and some alternatives, 1977 The Banking Law Journal, 304 ff.; *Kaufman*, Einlagenversicherung in den USA, ZfgK 1978, 762 ff.; *Imhof*, Einlagensicherung in den USA, ZfgK 1980, 57 ff.
23) Federal Deposit Insurance Act §§ 4, 5.

II. Die Behörden der Bankenaufsicht

Die Aufsicht über amerikanische Banken wird nicht zentral durch eine Behörde ausgeübt – was sich schon wegen des dualen Banksystems verbietet –, sondern liegt in den Händen mehrerer Aufsichtsbehörden. Die Aufsichtsbefugnisse verteilen sich auf Behörden der Einzelstaaten, das Office of the Comptroller of the Currency, den Board of Governors des Federal Reserve System und den Board of Directors der FDIC. Die Kompetenzen der Aufsichtsbehörden schließen sich dabei teils aus, teils überlagern sie sich in bestimmten Bereichen. Mit welchen Aufsichtsmaßnahmen der verschiedenen Behörden eine Bank zu rechnen hat, bestimmt sich nach ihrem Status. So sind etwa national banks oder state banks, die sowohl dem Federal Reserve System als auch der FDIC angehören, den Auskunftsbegehren, Anordnungen und Prüfungen von drei Aufsichtsbehörden ausgesetzt[24].

1) Die Aufsichtsbehörden der Einzelstaaten

Jeder der fünfzig Einzelstaaten unterhält eine nach seinem eigenen Bankgesetz errichtete Bankenaufsichtsbehörde. Die Kompetenzen dieser Staatenbehörden sind nach den Grundsätzen des Dualsystems auf die Kontrolle der state banks beschränkt. State member banks und insured state banks unterfallen ebenfalls der Einzelstaatenaufsicht; hinzu tritt bei diesen Banken jedoch noch die Kontrolle durch die entsprechenden Bundesbehörden.

2) Office of the Comptroller of the Currency

Das Office of the Comptroller of the Currency (OCC) ist die durch den National Bank Act 1864 geschaffene Aufsichtsbehörde des Bundes für die national banks sowie für die Banken des District of Columbia[25]. Geleitet wird die Behörde durch den Comptroller. Um bundesweit eine wirksame Bankenaufsicht durchführen zu können, sind dem Comptroller vierzehn Regional Comptrollers of the Currency unterstellt. Diese führen die Prüfungen der in ihrem Distrikt gelegenen Banken durch; mit

---

24) Zu dem Nebeneinander der verschiedenen Aufsichtsbehörden vgl. *Via, Jr.,* Some thoughts on evaluating the tripartite federal bank regulatory system, 1976 The Banking Law Journal, 509.

25) National Bank Act 1864, § 1; 13 Stat. 99 = § 324 Revised Statutes. Vgl. die Gesamtdarstellung in FBLR Nr. 58.102 ff.

einer Bankprüfung ist im Normalfall etwa dreimal innerhalb von zwei Jahren zu rechnen.

Die Bankenaufsicht durch das OCC ist sowohl Rechtsaufsicht als auch Fachaufsicht[26]. In letzterer Hinsicht erstreckt sie sich auf die Finanzlage der Bank, die „soundness" der Bankgeschäfte und die Qualität des Managements. Daneben kann das OCC durch Rechtsverordnungen (rules and regulations) Einzelheiten des Aktiv- und Passivgeschäfts der Banken allgemein regeln. Instrumente der Bankenaufsicht sind die Bankprüfungen, Weisungsrechte sowie als letztes Mittel Unterlassungsverfügungen (cease and desist orders). Neben der Aufsicht über Banken fallen in die Kompetenz des OCC die Erteilung von Bundeskonzessionen an Banken, die Umwandlung von state banks in national banks sowie die Genehmigung von Filialgründungen oder Zusammenschlüssen von Banken zu einer national bank.

3) Board of Governors of the Federal Reserve System

a) Organisation

Das Federal Reserve System setzt sich zusammen aus dem Board of Governors als der Zentralbehörde in Washington sowie aus zwölf Federal Reserve Banks, die jeweils ihren Sitz in einem der zwölf Distrikte haben, in die die Vereinigten Staaten zu diesem Zweck unterteilt sind[27].

Der Federal Reserve Board wird gebildet aus sieben Mitgliedern, die vom Präsidenten der Vereinigten Staaten mit Zustimmung des Senats für eine Amtszeit von vierzehn Jahren ernannt werden[28]. Er wird unterstützt durch ein Beratungsgremium (Federal Advisory Council), das sich aus jeweils einem Vertreter der zwölf Federal Reserve Banks zusammensetzt[29]. Der Board of Governors hat einen Mitarbeiterstab von ca. 425 Personen, die sich auf sieben Abteilungen verteilen: Office of the Secretary, Office of General Counsel, Division of Research and Statistics, Division of Examinations, Division of Bank Operations, Division of Security Loans and Office of Fiscal Agent.

---

26) Vgl. zum Überblick *Schulz-Hennig*, s. 74 ff; *Deak*, Mechanismus der Bankenaufsicht in den Vereinigten Staaten, Österreichisches Bankarchiv 1977, 36 ff.
27) Vgl. Fußnote 20.
28) Federal Reserve Act § 10.
29) Federal Reserve Act § 12.

b) Aufgaben

Aufgabe des Board of Governors ist die Steuerung des Geldumlaufs, die Notenausgabe sowie die Steuerung des Kapitalmarkts und die Festlegung von Höchstzinssätzen für Termineinlagen[30]. Zu diesem Zweck erläßt der Board Rechtsverordnungen (regulations), die für alle member banks bindend sind.

Daneben übt der Board of Governors eine umfassende Bankenaufsicht über die ihm angeschlossenen Mitgliedsbanken aus. Die Kompetenz hierzu ist ihm durch den Federal Reserve Act zugewiesen, der bereits in seiner Präambel als Ziel des Gesetzes „die Errichtung einer wirkungsvolleren Aufsicht über die Banken in den Vereinigten Staaten" erklärt. Die Aufsicht erstreckt sich auf die gesamte Geschäftätigkeit der member banks[31], insbesondere auf die Höhe der Darlehen und der vorgenommenen Investitionen[32]. Zweck der Aufsicht ist festzustellen, ob die Banken Gelder zu spekulativen Unternehmungen oder zu Geschäften ausleihen, die den hergebrachten Grundsätzen des Bankgeschäfts widersprechen.

Die Aufsicht wird ausgeübt durch Prüfung der Konten, der Bücher und der gesamten Geschäftslage der Bank[33]. Daneben treffen die member banks umfangreiche Berichtspflichten an den Board of Governors.

Die Bankprüfungen der state member banks werden in aller Regel nicht vom Board of Governors selbst ausgeübt — obwohl dieser hierzu befugt ist —, sondern durch die jeweilige Federal Reserve Bank, in deren Distrikt die zu prüfende Bank belegen ist[34]. Die von den Federal Reserve Banks beschäftigten Prüfer müssen jedoch von dem Board of Governors ausgewählte und zugelassene Prüfer sein. Hilft eine Bank den im Prüfungsbericht festgestellten Mängel nicht ab oder kommt sie den Rechtsverordnungen des Board nicht nach, kann ihr die Mitgliedschaft im Federal Reserve System aberkannt werden. State member banks unterliegen neben der Aufsicht durch den Board of Governors noch der zusätzlichen Aufsicht durch die jeweilige Bankenaufsichtsbehörde ihres eigenen Staates. Um hier eine Duplizität der Aufsicht zu vermeiden, können die von den Einzelstaatenbehörden durchgeführten Bankprüfungen auch vom Board of Governors anerkannt und übernommen werden. Voraussetzung dazu ist jedoch, daß die Federal Reserve Bank des entsprechen-

---

30) Vgl. *Schulz-Hennig*, s. 70.
31) Federal Reserve Act § 9.
32) Federal Reserve Act § 4.
33) Federal Reserve Act § 9 (a).
34) Vgl. 12 C.F.R. Part.265 — Rules Regarding Delegation of Authority.

den Distrikts die Prüfung durch die Einzelstaatenbehörde hinsichtlich der Durchführung und der angelegten Maßstäbe billigt (§ 9 FRA). Sonderprüfungen durch den Board of Governors bleiben jedoch auch dann noch zulässig.

4) Federal Deposit Insurance Corporation (FDIC)

a) Organisation

Die FDIC ist der mit eigener Rechtspersönlichkeit ausgestattete Einlagensicherungsfonds[35]. Organ der FDIC ist der Board of Directors, der sich aus drei directors zusammensetzt[36]. Von diesen werden zwei vom Präsidenten der Vereinigten Staaten mit Zustimmung des Senats für eine Amtsdauer von sechs Jahren ernannt. Der dritte director ist der Comptroller of the Currency. Sitz der FDIC ist Washington, D. C. Daneben unterhält sie in vierzehn Distrikten regionale Büros, und zwar in den Städten Atlanta, Boston, Chicago, Columbus, Dallas, Kansas City (Missouri), Madison, Memphis, Minneapolis, New York, Omaha, Philadelphia, Richmond, San Francisco.

Aufgabe der FDIC ist primär die Sicherung von Einlagen, die bei den ihr angehörigen Banken unterhalten werden, sowie die Übernahme der in Konkurs geratenen versicherten Banken als Konkursverwalter. Um Bankzusammenbrüche und die Inanspruchnahme der Einlagensicherung möglichst auszuschließen, ist die FDIC mit weitreichenden Aufsichtsbefugnissen und Prüfungsrechten ausgestattet. Sie unterhält zu diesem Zweck eine eigene Division of Banksupervision[37].

b) Aufgaben

Die Befugnisse der FDIC sind je nach Status der bei ihr versicherten Bank unterschiedlich ausgestaltet. Am weitreichendsten sind die Kontrollrechte gegenüber state banks, die nicht Mitglieder des Federal Reserve System sind. National banks sowie die state member banks unterliegen ohnehin bereits der Aufsicht durch den Board of Governors des Federal Reserve System, so daß hier die Aufsicht durch die FDIC

---

35) Vgl. Fußnote 22.
36) Federal Deposit Insurance Act § 2.
37) Vgl. § 1 der von der Federal Deposit Insurance Corporation am 4. Juli 1967 erlassenen Regulation, 32 F.R. 9759.

weniger umfassend ausgestaltet werden mußte. Die wesentlichen Aufsichtsrechte der FDIC sind[38]:

(1) die regelmäßige Prüfung von versicherten nonmember banks zur Feststellung der Geschäftslage im Hinblick auf die Versicherungszwecke (Mitgliedsbanken des Federal Reserve System dürfen nur aus besonderem Anlaß einer Sonderprüfung unterzogen werden);

(2) die Genehmigung von Fusionen zwischen versicherten und nicht versicherten Instituten;

(3) die Genehmigung von Kapitalherabsetzungen bei versicherten nonmember banks.

(4) die Genehmigung von Filialgründungen durch versicherte non-member banks.

Zur Durchsetzung ihrer Befugnisse ist die FDIC berechtigt, Anhörungen durchzuführen, zu denen sie jeden Angestellten der betroffenen Bank vorladen sowie die Vorlage von Büchern und Papieren verlangen kann. Weigert sich eine Bank, den Empfehlungen in den Prüfungsberichten der FDIC nachzukommen, so kann diese die Versicherung der Bank beenden.

5) Vereinheitlichung der Bankenaufsicht

Die Aufweichung des dualen Banksystems durch die Ausprägung von Banktypen, die gesetzlichen Bestimmungen sowohl des Bundes als auch der Einzelstaaten unterliegen, bringt es mit sich, daß eine Bank der Überwachung von mehreren Aufsichtsbehörden unterworfen sein kann. So unterliegen national banks und state member banks der Aufsicht von drei Behörden: National banks werden kontrolliert durch den Comptroller of the Currency, den Board of Governors und den Board of Directors; state member banks unterstehen der Aufsicht der einzelstaatlichen Bankenaufsichtsämter, des Board of Governors und des Board of Directors. Einmal abgesehen von der Beeinträchtigung des allgemeinen Geschäftsbetriebs durch die abwechselnden Betriebsprüfungen der verschiedenen Aufsichtsbehörden, ist die Aufspaltung der Aufsichtsbefugnisse für die Banken aus einem anderen Grund besonders belastend: Jede Aufsichtsbehörde konnte bisher ihre Erfordernisse an die Banken selbständig bestimmen, ohne zu einer Absprache mit den anderen Kontrollorganen des Bundes und der Einzelstaaten verpflichtet zu sein. Die Folge waren Überlagerungen im Aufsichtsbereich sowie unterschiedliche Anforderungen durch die verschiedenen Behörden. Die betrof-

---

38) Eine Zusammenstellung der Aufgaben findet sich in FBLR Nr. 1558.

fenen Banken waren dadurch gezwungen, jeweils den strengsten Anforderungen an den Betrieb der Bankgeschäfte zu genügen sowie den gleichen Berichtspflichten mehrfach nachzukommen.

Abhilfe ist hier in gewissem Maß durch den Federal Financial Institutions Examination Act 1978 (12 U.S.C. 3301) geschaffen worden. Durch dieses Gesetz, das am 10. März 1978 in Kraft trat, wurde der Financial Institutions Examination Council geschaffen. Aufgabe des Council ist es, die Aufsichtskriterien der Bundesaufsichtsbehörden sowie das Berichtswesen der Banken zu vereinheitlichen und einheitliche Formulare für die Bankprüfungen zu entwerfen.

Dem Council gehören an:
(1) der Comptroller of the Currency,
(2) der Vorsitzende des Board of Directors of the Federal Deposit Insurance Coporation,
(3) ein Governor des Board of Governors of the Federal Reserve System,
(4) der Vorsitzende des Federal Home Loan Bank Board sowie
(5) der Vorsitzende des National Credit Union Administration Board.

Die Kompetenzen des Council sind beschränkt auf die Aufsichtsbehörden des Bundes. Um gleichwohl auch eine Vereinheitlichung hinsichtlich der einzelstaatlichen Bankenaufsicht zu erreichen, sieht das Gesetz die Schaffung eines „liaison committee" vor, dem fünf Vertreter einzelstaatlicher Aufsichtsbehörden angehören. Das liaison committee hat sich mindestens zweimal im Jahr mit dem Council zu einer Sitzung zu treffen, um so über die Entwicklungen auf Bundesebene informiert zu werden. Eine gesetzliche Verpflichtung der einzelnen Staaten zur Übernahme der Maßnahmen des Council schied aus Gründen der Kompetenztrennung zwischen Bund und Einzelstaaten jedoch aus.

III. Die Stellung ausländischer Bankenniederlassungen im Dual- und Trennsystem

1) Rechtliche Formen der Niederlassung

Welche Stellung ausländische Banken im Dual- und Trennsystem einnehmen, hing bis zum Erlaß des International Banking Act 1978 von der Rechtsform ab, in der die Niederlassung in den Vereinigten Staaten betrieben wurde. Fünf verschiedene Formen standen und stehen auch heute noch zur Verfügung[39]:

39) *Hablutzel, Lutz,* Foreign banks in the United States after the International Banking Act of 1978: the new dual system, 1979 The Banking Law Journal, S. 135 ff; vgl. auch: *Goldberg, Saunders,* The growth of organizational forms of foreign blanks in the U. S., 1981 Journal of Money, Credit and Banking, 365 ff.

a) Subsidiary

Die subsidiary ist die mit eigener Rechtspersönlichkeit ausgestattete Tochtergesellschaft einer ausländischen Bank[40]. Ihre Gründung und ihr Betrieb richten sich nach amerikanischem Gesellschafts- bzw. Bankrecht. Diese Form der Niederlassung haben Auslandsbanken im allgemeinen gewählt, wenn sie das Emissions- und Wertpapiergeschäft in den USA betreiben wollen.

b) Branch

Unter „branch" wird die rechtlich unselbständige Filiale einer Bank verstanden, „bei der Einlagen angenommen, Schecks eingelöst und Darlehen vergeben werden"[41]. Diese Definition ist vom Supreme Court ausdrücklich als die Beschreibung des Mindestgehaltes der von branches ausführbaren Geschäftstätigkeiten bezeichnet worden[42]. Branches steht grundsätzlich der gesamte Geschäftsbereich der Bank offen. Ihre Errichtung richtet sich sowohl nach Bundesrecht als auch nach dem Recht der entsprechenden Einzelstatten; vor Erlaß des International Banking Act waren branches einer Auslandsbank allerdings ausschließlich nach Staatsrecht zulässig. Eine Anzahl von Einzelstaaten erlauben Auslandsbanken die Eröffnung einer branch nur unter der Beschränkung, daß keine privaten Einlagen von Gebietsansässigen angenommen werden[43]. Branches benötigen als unselbständige Niederlassungen der Mutterbank kein Eigenkapital; jedoch sieht der International Banking Act zu Zwecken etwa der Mindestreservebestimmung und der Begrenzung von Großkrediten (legal lending limit) vor, daß Depots in bestimmter Höhe als Quasi-Eigenkapital zu unterhalten sind[44].

c) Agency

Agencies sind ebenfalls rechtlich unselbständige Niederlassungen einer Bank[45]. Im Unterschied zu den branches können sie nicht die gesamte Palette der Bankdienstleistungen anbieten. Zwar dürfen auch agencies beispielsweise Schecks einlösen, Devisenhandel betreiben oder

---

40) *Schulz-Hennig,* S. 268.
41) § 36 (f) McFadden Act (§ 5155 Revised Statutes); vgl. auch: *Mildenstein,* Die Bankfilialpolitik in den USA, ZfgK 1977, 676.
42) Plant City v. Dickinson, 396 U.S. 122 (1966).
43) Dazu die Übersicht über das Recht der Einzelstaaten in FBLR, Nr. 3106.
44) Vgl. dazu unten Kapitel C.II 3a.
45) *Hablutzel, Lutz* (Fußnote 39), 135, 136.

Darlehen vergeben; das allgemeine Einlagengeschäft und damit das Massengeschäft ist ihnen jedoch verwehrt. Für agencies einer Auslandsbank bestimmt § 1 (b) (1) IBA, daß Einlagen nur von Nicht-Gebietsansässigen der USA angenommen werden dürfen. Eine weitere Ausnahme, die das Einlagengeschäft in bestimmten Grenzen erlaubt, gilt für „credit balances"[46]. Dabei handelt es sich um Guthabensalden, die aus dem Zahlungsverkehr mit Dritten herrühren, um Einlagen, die nicht der Allgemeinheit angeboten werden, nicht zur Bezahlung laufender, in den USA anfallender Kosten − wie etwa Gehälter, Miete, Steuern − verwendet werden und nach angemessener Zeit nach Erreichung des mit der Einlage verfolgten Zweckes wieder abgezogen werden. Die Bestimmungen über die Errichtung einer agency und über deren Ausstattung mit Quasi-Eigenkapital entsprechen den für die branches geltenden Bestimmungen.

d) Representative Office

Mit „representative office" wird die Repräsentanz einer Auslandsbank bezeichnet. Die Ausführung von Bankgeschäften ist einer Repräsentanz verwehrt. Ihre Errichtung bedarf außer in Kalifornien keiner Zulassung, muß jedoch beim Secretary of Treasury der USA registriert werden[47].

e) Investment Company

Die investment company ist eine Sonderform der Auslandsniederlassung, die nur im Staat New York zulässig ist. Ihr Geschäftsbereich entspricht weitgehend dem einer agency, jedoch ist ihr in gewissem Umfang der Wertpapierhandel sowie der Handel mit Beteiligungen an Unternehmen erlaubt. Die investment company gilt nicht als Bank im Sinne der New Yorker Bankengesetze[48].

2) Die Stellung im Dualsystem

Vor dem Hintergrund des Dualsystems stellt sich bei der Gründung einer Bank oder der Errichtung einer Niederlassung die Frage nach dem zu wählenden Status: Soll eine Bank nach Bundesrecht (national bank)

---

46) Regulation K § 211.1 (b) (12 C.F.R. Part 211).
47) § 10 IBA.
48) Art. 12 New York Banking Law.

oder nach Einzelstaatenrecht gegründet werden, sowie, im letzteren Fall, soll die Bank dem Federal Reserve System und der Federal Deposit Insurance Corporation angeschlossen werden[49]. Ausländischen Banken stand bei der Errichtung einer Niederlassung in den USA diese Wahlmöglichkeit nur offen, wenn die Niederlassung in der Rechtsform der Tochtergesellschaft (subsidiary) gegründet werden sollte. Die rechtlich unselbständigen Formen der Niederlassung, also branch und agency, konnten nur mit einer einzelstaatlichen Konzession errichtet werden. Die Beschränkung ausländischer Banken in der Statuswahl für ihre Niederlassungen war keine gezielte Benachteiligung, sondern das Ergebnis des Zusammenwirkens verstreuter gesetzlicher Bestimmungen.

– Um eine Bundeszulassung (national charter) erhalten zu können, verlangte der National Bank Act unter anderem, daß alle directors der antragstellenden Bank die amerikanische Staatsbürgerschaft haben mußten[50]. Damit war die Form der national bank den rechtlich unselbständigen branches und agencies der Auslandsbanken verwehrt. Subsidiaries konnten hingegen eine Bundeskonzession erhalten, jedoch nur um den Preis des Verzichts der Auslandsbank auf die Führung der Tochtergesellschaft durch Personal ihres Sitzlandes. Subsidiaries mit dem Status der national bank waren damit weitgehend unattraktiv geworden.

– Die Mitgliedschaft im Federal Reserve System war ebenfalls nur den subsidiaries möglich. Branches und agencies wurden hiervon durch Bestimmungen des Federal Reserve Act ausgeschlossen, die die Mitgliedschaft nur den nach amerikanischem Recht gegründeten Banken eröffneten.

– Entsprechendes galt für die Einlagenversicherung bei der Federal Deposit Insurance Corporation. Nach dem Federal Deposit Insurance Act setzte eine Mitgliedschaft in der FDIC entweder den Status der national bank oder den der state member bank voraus. Der Beitritt von branches und agencies mußte hier wieder an den fehlenden Voraussetzungen scheitern.

Die ausländischen Banken empfanden die Beschränkungen in der Statuswahl für ihre Niederlassung kaum als einen Nachteil. So bedeutete der Ausschluß aus dem Federal Reserve System für sie zwar zugleich Ausschluß von der Refinanzierungsmöglichkeit über die Federal Reserve Bank; dieser Nachteil wurde jedoch zum Teil ausgeglichen durch die

---

49) Dazu: *Glidden, Shockey*, U.S. branches and agencies of foreign banks: a comparison of the federal and state chartering options, 1980 The University of Illinois Law Forum, s. 65 ff.
50) § 5641 Rev. Stat. (12 U.S.C. 72).

Befreiung von der Pflicht, unverzinsliche Reserven bei der Reservebank zu unterhalten sowie dadurch, daß sie als non-member banks den währungspolitischen und aufsichtsrechtlichen Maßnahmen des Board of Governors nicht unterworfen waren. Einen gewissen Nachteil im Massengeschäft der Depositenannahme brachte hingegen der Anschluß der ausländischen branches und agencies an der Einlagenversicherung der FDIC mit sich. Die meisten Auslandsbanken, insbesondere die deutschen, blieben hiervon jedoch ebenfalls unberührt, da ihr Geschäftsschwerpunkt eher im Großkreditgeschäft lag.

3) Die Stellung im Trennsystem

Ausländische Banken, die ihre US-Niederlassung in Form einer branch oder agency betrieben, unterlagen nur bedingt der durch den Banking Act 1933 (Glass-Steagall Act) angeordneten Trennung des commercial banking von dem investment banking. Für die Auslandsbanken bedeutete dies einen beachtlichen Geschäftsvorteil[51]. Auch hier geht jedoch die rechtliche Sonderstellung ausländischer branches und agencies nicht auf eine dahingehende bewußte Entscheidung des Gesetzgebers zurück, sondern ist das zufällige Ergebnis einer zu engen Fassung der Eingriffsvoraussetzungen des Gesetzes. Der Banking Act 1933 knüpfte bei der Installierung des Trennsystems an die state member bank an, also einen ausländischen Kreditinstituten verwehrten Bankstatus. Nur diesen war das gleichzeitige Betreiben des commercial und des investment banking verboten, nur diese commercial banks hatten die Schranken bei dem Beteiligungserwerb an bankfremden Unternehmen zu beachten. Ausländische Banken konnten daher neben ihren branches oder agencies ungehindert durch das Verbot des § 20 Banking Act Beteiligungen an security companies, also das Wertpapiergeschäft betreibenden Gesellschaften, erwerben. Lediglich das direkte Betreiben sowohl des Einlagen- als auch des Wertpapiergeschäfts war ihnen untersagt, da die Strafbestimmung des § 21 Banking Act auch auf sie Anwendung fand[52]. Die Auslandsbanken fanden jedoch rasch einen Weg, auch diesem Rest des Trennsystems auszuweichen. Es bedurfte lediglich der Errichtung zweier rechtlich, räumlich und personell getrennter Niederlassungen, um auch § 21 Banking Act Genüge zu tun. In der Regel wurde

---

51) Foreign Bank Act of 1975, Senate Hearings (vgl. Fußnote 3), S. 44; *Gruson, Weld,* Nonbanking activities of foreign banks operating in the United States, 1980 The University of Illinois Law Forum, 129 ff.

52) *(ohne Verfassernamen),* The nonbanking activities of foreign banks and the International Banking Act of 1978, 1980 The University of Illinois Law Forum, S. 333 f.

die Wertpapiergesellschaft als Tochtergesellschaft mit eigener Rechtspersönlichkeit gegründet, während das commercial banking durch die branch ausgeübt wurde.

IV. Interstate banking

Eine ungleiche Rechtslage zwischen amerikanischen und ausländischen Banken bestand desweiteren vor dem Inkrafttreten des International Banking Act 1978 im Bereich des interstate banking; auch hier bewegten sich die Auslandsbanken in größeren regulativen Freiräumen als die inländischen Institute.

1) Verbot der Filialgründung

Unter interstate banking wird das Recht einer Bank verstanden, außerhalb ihres Sitzstaates in den USA Bankniederlassungen in weiteren Einzelstaaten zu errichten[53]. Die gesetzlichen Regelungen des interstate banking für amerikanische Banken sind sehr restriktiv und geprägt von der Furcht vor der Entstehung von Bankgiganten, die die kleineren Banken vom Markt verdrängen könnten. Im einzelnen knüpft die gesetzliche Regelung an den Status einer Bank an:
– National banks ist das Betreiben von branches außerhalb des Staates, in dem ihre Hauptniederlassung ihren Sitz hat, ausnahmslos verboten (McFadden Act 1927, 44 Stat. 1232).
– State member banks dürfen branches außerhalb ihres eigenen Staates unter den gleichen Voraussetzungen errichten, unter denen dies den national banks erlaubt ist; die Errichtung bedarf der zusätzlichen Erlaubnis durch den Board of Governors (§ 9 Abs. 2 Federal Reserve Act). Durch die Verknüpfung mit der gesetzlichen Regelung hinsichtlich der national banks ist damit bis zu einer Änderung durch den Bundesgesetzgeber auch den state member banks die Filialgründung außerhalb ihres eigenen Staates untersagt.
– Lediglich state banks, die nicht Mitglieder des Federal Reserve System sind, können Filialen in zusätzlichen Staaten errichten, soweit deren Gesetzgebung Filialen fremder state banks zuläßt.

---

53) *Shay*, Interstate bank restrictions of the International Banking Act and Bank Holding Acts, 1980 The Banking Law Journal, 524.

2) Verbot des Beteiligungserwerbs

Das Verbot der Filialgründung durch den McFadden Act und den Federal Reserve Act wurde ergänzt durch entsprechende Bestimmungen des Bank Holding Company Act 1956. Nach § 3 (d) dieses Gesetzes ist der Antrag einer Bank Holding Gesellschaft auf Erwerb einer Beteiligung an einer Bank außerhalb des Staates, in dem die Banktochter der Holdinggesellschaft hauptsächlich ihre Geschäfte betreibt, nicht genehmigungsfähig. Auch diese Bestimmung gilt unmittelbar als Bundesrecht nur für national banks und state member banks; jedoch haben alle Einzelstaaten mit Ausnahme von Maine und Iowa gleichlautende Gesetze erlassen.

3) Sonderstellung der Auslandsbanken

Ausländische Banken waren demgegenüber von den Beschränkungen des interstate banking frei; weder der McFadden Act, der Bank Holding Company Act noch der Federal Reserve Act fanden auf sie Anwendung. Soweit die Gesetze der Einzelstaaten es zuließen, konnten sie daher ihre Dienstleistungen auf bundesweiter Ebene durch ein Netz von Filialen anbieten. Die Zahl derartiger Zweit- und Drittfilialen belief sich kurz vor Inkrafttreten des International Banking Act auf 103[54].

4) Durchbrechung des Verbots des interstate banking

Ob die Befreiung der Auslandsbanken von den bundesgesetzlichen Schranken des interstate banking diesen tatsächlich auch den bedeutsamen Marktvorteil brachte, der von amerikanischen Banken gerne zur Begründung des Rufs nach dem International Banking Act angeführt wurde, erscheint fraglich[55]. Die Auslandsfilialen waren in erster Linie nicht im Einlagengeschäft tätig, sondern setzten ihren Schwerpunkt auf die Finanzierung des Handels und der ausländischen Tochtergesellschaften multinational tätiger amerikanischer Konzerne. Gerade das internationale Geschäft ist jedoch ein Bereich, in dem auch die amerikanischen Banken bei der Gründung von Niederlassungen an die Grenzen

---

54) Statement of *John G. Heinmann,* Comptroller of the Currency, International Banking Act of 1978, Hearing before the Subcommittee of Financial Institutions of the Committee on Banking, Housing and Urban Affairs, United States Senate, 95th. Congress, 2nd Session H.R. 10899, S. 79.

55) *Möschel,* S. 186; Keefe, Bruyette & Woods, Banking Industry Study, 6. Febr. 1981, S. 46 ff.

ihres Einzelstaates nicht gebunden sind. Hier eröffnet § 25 (a) Federal Reserve Act („Edge Act") amerikanischen Banken die Gründung besonderer Bankinstitute, sog. Edge Act Corporations, deren Gesellschaftszweck und Befugnisse auf Bankgeschäfte im Zusammenhang mit internationalen Geschäften beschränkt ist; zu diesem Zweck sind sie von den interstate-Beschränkungen des McFadden Act, des Federal Reserve Act und des Bank Holding Company Act ausgenommen. Edge Act Corporations decken damit teilweise den gleichen Geschäftsbereich ab wie die Auslandsfilialen; sie dürfen allerdings im Gegensatz zu diesen keine inländischen Einlagen annehmen. Der bundesweiten Kreditvermittlung dienen daneben die „loan production offices", die als Kreditvermittlungsbüros außerhalb des Einzelstaates ihrer jeweiligen Bank tätig sind[56].

V. Die Stellung ausländischer Bankniederlassungen in der amerikanischen Bankwirtschaft

Der Vergleich zwischen der Rechtsstellung amerikanischer und ausländischer Banken vor Inkrafttreten des International Banking Act hat eine Besserstellung der Auslandsbanken bei der Filialgründung in dreifacher Hinsicht gezeigt: Sie waren vom Trennsystem ausgenommen, sie unterlagen nicht der Aufsicht durch Bundesbehörden, und sie waren im Bereich des interstate banking von bundesgesetzlichen Schranken frei. Dies, zusammen mit dem allgemeinen Potential des amerikanischen Marktes, hatte die USA attraktiv für die Auslandsbanken gemacht und in den siebziger Jahren zu einem rapiden Anwachsen der Zahl der Bankenniederlassungen und des Geschäftsvolumens geführt[57]. Die Zahl der ausländischen Bankfilialen (branches) stieg von 26 im November 1972 auf 103 im März 1978, die Zahl der agencies von 50 auf 122. Geringer war die Zuwachsrate bei den Tochtergesellschaften (subsidiaries), die keinerlei Sonderstellung gegenüber den amerikanischen Banken einnahmen; hier stieg die Zahl von 25 im November 1972 auf 38 im März 1978. Den Steigerungszahlen bei den Niederlassungen aus-

---

56) *Brown,* Interstate banking and a report from the test site, 1981 The Banking Law Journal, 651 ff.; *Morschbach,* Reform der Filialgesetzgebung in den USA, Österreichisches Bank-Archiv 1981, 176 ff.

57) Die nachfolgenden statistischen Angaben sind entnommen aus: International Banking Act of 1978, Senate Hearings (vgl. Fußnote 54), S. 272-275. Zur früheren Geschäftstätigkeit der Banken vgl. *Klopstock,* Foreign banks in the United States: scope and growth of operations, 1973 Federal Reserve Bank of New York, Monthly Review. S. 140 ff; *Uebe,* Die Zahl der Auslandsbanken in den USA ist sprunghaft gestiegen, Handelsblatt vom 30. März 1977.

ländischer Banken korrespondiert im gleichen Zeitraum eine erhebliche Ausweitung des Geschäftsvolumens. Die nachstehende Tabelle gibt die Zunahme der Aktiva ausländischer Niederlassungen in Milliarden Dollar an.

	November 1972	März 1978
Subsidiaries	3,75	16,12
Branches	3,28	31,78
Agencies	9,96	16,62
Investment companies	1,08	1,52
zusammen	18,07	66,04

Die Aktiva der ausländischen Niederlassungen beliefen sich zwar im Jahr 1978 auf lediglich 6 % der gesamten Aktiva der amerikanischen commercial banks[58]; das Bild verschiebt sich aber zugunsten der Auslandsbanken im Geschäftsbereich der commercial and industrial loans: Hier vereinten die Auslandsbanken 20 % aller von den amerikanischen Großbanken vergebenen Kredite auf sich [59].

58) International Banking Act of 1978, Senate Hearings, S. 296.
59) Senate Hearings, S. 5.

C. Die Rechtslage nach Inkrafttreten des International Banking Act 1978

Die Gesetzgebungsbestrebungen, die schließlich zum Erlaß des International Banking Act führten, wurden veranlaßt durch die rapide Zunahme des Geschäftsengagements der Auslandsbanken in den 70er Jahren. Ausschlaggebendes Element für das Einschreiten des Bundesgesetzgebers war dabei jedoch nicht das Bestreben, die amerikanischen Banken vor ausländischer Konkurrenz in Schutz zu nehmen, wenngleich nicht auszuschließen ist, daß derartige Überlegungen auch eine Rolle gespielt haben. Die Motive lagen auf einer anderen Ebene[60]. Die Bankenaufsichtsbehörden des Bundes, und hier besonders der Board of Governors, zeigten sich durch die zunehmende Aktivität der Auslandsbanken darüber besorgt, daß diese Banken ihrer allgemeinen Bankenaufsicht und den währungspolitischen Maßnahmen des Federal Reserve System entzogen waren. Gesetzliche Maßnahmen schienen hier umso dringender, als Pläne von Auslandsbanken bekannt wurden, drei amerikanische Bankinstitiute mit Gesamtaktiva von $ 20 Milliarden zu übernehmen[61].

I. Überblick über die gesetzlichen Neuregelungen

Den Abbau der Diskriminierung zwischen amerikanischen und ausländischen Banken als auch die Erstreckung bundesrechtlicher Aufsichtsbefugnisse über ausländische Bankniederlassungen versucht der International Banking Act 1978 durch folgende Neuregelungen zu erreichen:

1) Ausländischen Bankniederlassungen in der Form der branch und agency wird die Möglichkeit eingeräumt, eine Bundeszulassung zu erhalten und damit zur Federal branch oder Federal agency zu werden, § 4 (a) IBA.

---

60) *Reisner,* A developmental perspective on the International Banking Act of 1978, 1980 The University of Illinois Law Forum, S. 5 ff.; statement of *G. William Miller,* Chairman of the Board of Governors of the Federal Reserve System, in: International Banking Act of 1978, Senate Hearings, S. 3.; *Stuhldreher, Baker,* Bankers' attitudes towards US foreign bank regulation, The Banker 1981, 29 ff.

61) Es handelte sich um die Übernahme der Marine Midland Banks, Inc. ($ 12,1 Milliarden) durch die Hong Kong and Shanghai Banking Corporation, der Union BanCorp ($ 4,7 Milliarden) durch die Standard Chartered Bank und der National Bank of North America ($ 3,8 Milliarden) durch die National Westminster Bank; vgl. auch: *Dormanns,* Auslandsbanken in den USA, Die Bank 1980, 263 (265).

Den Bankniederlassungen – und zwar auch den Federal branches und agencies – steht es frei, sich dem Federal Reserve System und der Federal Deposit Insurance Corporation anzuschließen, § 4 (b) (3-4) IBA.

2) Um zu vermeiden, daß die Auslandsbanken sich durch die Entscheidung für eine Einzelstaatenzulassung auch weiterhin den währungspolitischen Maßnahmen des Federal Reserve Board entziehen können, werden Auslandsbanken der Pflicht zur Mindestreservehaltung unterworfen, § 7 (a) IBA, § 19 (b) (5) Federal Reserve Act.

3) Alle Auslandsniederlassungen, die Einlagen von unter $ 100.000 annehmen und damit das Einlagengeschäft als Massengeschäft betreiben, müssen Mitglied der Federal Deposit Insurance Corporation werden, § 6 (a) IBA.

4) Bei der Errichtung von Niederlassungen außerhalb ihres „home state" wird diesen die Annahme von Einlagen der in dem entsprechenden Staat wohnhaften oder ansässigen Kunden verboten, § 5 (a) IBA.

5) Die Trennung zwischen commercial banking und investment banking sowie die Beteiligungsverbote und -schranken für commercial banks an bankfremden Unternehmen wird auf Auslandsbanken erstreckt, § 8 IBA. Erreicht wird dieses Ziel durch Unterwerfung der Auslandsbanken unter die Bank Holding Company Acts. Dies machte zugleich die Aufnahme von „Besitzstandsgarantien" (grandfathering) für Auslandsbanken erforderlich, die wegen der Beteiligungsverbote und der korrespondierenden Entflechtungsgebote der Bank Holding Company Acts sonst der Gefahr der Verdrängung vom amerikanischen Markt ausgesetzt gewesen wären.

II. Die Regelungen im einzelnen

1) Das Wahlrecht des Bankstatus

Der International Banking Act eröffnet den Auslandsbanken die gesamte Palette der Statusformen, die bisher nur amerikanischen Banken offen stand. So kann eine ausländische Bankniederlassung nicht nur wie auch schon früher in der Rechtsform der subsidiary, sondern jetzt auch als branch oder agency ihre Zulassung nach freier Wahl vom Bund (Federal charter) oder von einem der Einzelstaaten (State charter) beantragen. Desgleichen steht es jeder Bankniederlassung, gleich welcher Rechtsform (mit Ausnahme natürlich der Repräsentanz), offen, ob sie sich dem Federal Reserve System und der Federal Deposit Insurance Corporation (FDIC) anschließen will. Dieses Wahlrecht steht einer ausländischen Bank selbst dann noch zu, wenn sie eine Bundeszulassung erhalten hat, § 4 (b) IBA. Sie ist insofern gegenüber amerikanischen national banks und Federal branches und agencies bevorzugt, da für diese eine Pflichtmitgliedschaft im Federal Reserve System und bei der FDIC besteht. Dieser Vorteil der ausländischen Banken wird jedoch stark relativiert durch zwei weitere Bestimmungen des International Banking Act:

– Ausländische Banken mit einer weltweit konsolidierten Bilanzsumme von $ 1 Milliarde unterliegen fortan in weitem Umfang der Aufsicht durch den Board of Governors of the Federal Reserve System. Dies trifft im Ergebnis für nahezu alle Auslandsbanken, die in den USA tätig sind, zu.

– Ausländische Bankniederlassungen mit Bundeszulassung, die Einlagen von weniger als $ 100.000 annehmen, müssen bei der FDIC versichert sein, § 6 (a) IBA.

2) Bankniederlassungen mit Bundeszulassung

a) Anwendungsbereich des § 4 IBA

Der International Banking Act beschränkt sich bei der Normierung der Voraussetzungen, unter denen eine ausländische Bankniederlassung die Bundeszulassung (Federal charter) erlangen kann, im wesentlichen auf die branches und agencies. Subsidiaries konnten aus dem Regelungsbereich ausgenommen werden, da sie schon bisher als nach amerikanischem Recht gegründete Gesellschaften den amerikanischen Banken gleichstanden. In einem Punkt jedoch bringt das Gesetz auch für die ausländischen subsidiaries eine Erleichterung: Nach § 2 IBA wird die Erteilung einer Bundeszulassung nicht mehr davon abhängig gemacht, daß alle directors der subsidiary die amerikanische Staatsbürgerschaft haben müssen. Zu einem gänzlichen Verzicht auf das Erfordernis der Beteiligung amerikanischer Staatsbürger an der Leitung der ausländischen Tochtergesellschaft konnte sich der Gesetzgeber allerdings nicht entschließen. Auch nach § 2 IBA muß weiterhin die Mehrheit der directors die amerikanische Staatsangehörigkeit besitzen; zudem wird bei einer gemischten Leitung der subsidiary die Erteilung der Bundeszulassung in das Ermessen des Comptroller gestellt.

Zuständige Behörde für die Erteilung einer Bundeszulassung an eine ausländische branch oder agency ist der Comptroller of the Currency, § 4 (a) IBA. Die Zulassung wird auf unbestimmte Dauer erteilt. Hierin liegt ein Vorteil gegenüber dem Recht zahlreicher Einzelstaaten, die ihre

Einzelstaatenzulassung oft nur auf ein Jahr befristet erteilen und die Verlängerung von einem Antrag und einer neuen Prüfung der Voraussetzungen abhängig machen.

b) Voraussetzungen für die Erteilung der Bundeszulassung

Die Voraussetzungen, unter denen einer ausländischen branch oder agency eine Bundeszulassung erteilt werden kann, regelt § 4 IBA. Das Gesetz selbst enthält dabei jedoch nur Grundzüge; Detailregelungen sind vom Comptroller of the Currency im Wege von Rechtsverordnungen vorzunehmen, § 4 (b) IBA.

Das Gesetz als auch die am 13. November 1979 vom Comptroller erlassenen Rechtsverordnungen haben entsprechend dem Prinzip des national treatment die Voraussetzungen für die Erteilung der Bundeszulassung den Bestimmungen nachgebildet, nach denen eine amerikanische Bank die Bundeszulassung erhalten kann[62].

aa) Regionale Beschränkungen

Die Federal branch oder agency darf nur in einem solchen Einzelstaat errichtet werden, „(1) in dem die Auslandsbank nicht bereits eine branch oder agency mit Einzelstaatenzulassung betreibt, und (2) in dem die Errichtung einer branch oder agency durch eine Auslandsbank nicht nach dem Recht dieses Einzelstaates verboten ist", § 4 (a) IBA. Die durch den zweiten Teil des § 4 (a) IBA hergestellte Verknüpfung zwischen Bundesrecht und Staatenrecht wird dabei so verstanden, daß nur im Falle eines ausdrücklichen Verbots der branch- oder agency-Errichtung durch das Gesetz des Staates, in dem die Niederlassung belegen sein soll, die Erteilung der Bundeszulassung durch den Comptroller ausgeschlossen ist. Das Fehlen einer diesbezüglichen Regelung ist kein Hinderungsgrund[63]. Bedeutung kann diese Gesetzesauslegung bei der Wahl eines home state im Falle der beabsichtigten Errichtung einer Zweitniederlassung in einem weiteren Einzelstaat erlangen[64].

Unterhält eine Auslandsbank in einem Einzelstaat eine Federal branch oder agency, so kann sie in demselben Staat eine weitere derartige Niederlassung mit Zustimmung des Comptroller unter den gleichen Voraussetzungen errichten, unter denen dies einer amerikanischen national bank gestattet ist. In keinem Fall darf die Auslandsbank im

---

62) 12 C.F.R. Part 28.
63) *Glidden, Shockey* (Fußnote 49), S. 74.
64) Vgl. unten Kap. C. II 4b, aa.

selben Einzelstaat zugleich eine Federal branch und eine Federal agency zusammen betreiben, § 4 (e) IBA.

bb) Gegenseitigkeitsverbürgung

Die Erteilung einer Bundeszulassung wird nicht davon abhängig gemacht, daß einer amerikanischen Bank in dem Heimatstaat der Auslandsbank im gleichen Umfang die Ausübung von Bankgeschäften gestattet ist. Die bundesrechtliche Regelung setzt sich damit in Gegensatz zu den Bankgesetzen einiger Einzelstaaten, die die Gegenseitigkeitsverbürgung zur Voraussetzung der Erteilung der Einzelstaatenzulassung machen[65].

cc) Bedürfnisprüfung

Erfüllt eine Auslandsbank sämtliche bisher benannten Voraussetzungen, so bedeutet dies noch nicht die Gewähr für die tatsächliche Erteilung der Bundeszulassung für die branch oder agency. Vorgeschaltet ist noch eine Prüfung durch den Comptroller of the Currency, ob für die Errichtung einer neuen Bankniederlassung in dem vorgesehenen Gebiet ein Bedürfnis des Marktes besteht, § 4 (c) IBA. Desgleichen sind von diesem bei der Entscheidung mit zu berücksichtigen: die zu erwartenden Auswirkungen auf den Binnenmarkt und den internationalen Handel, die finanziellen und personellen Ressourcen sowie die zu erwartende Entwicklung der neuen Niederlassung.

Ist die Bundeszulassung einmal erteilt, kann sie nur noch unter den Voraussetzungen des § 4 (i) und § 4 (j) IBA unter Einhaltung des dort vorgeschriebenen Verfahrens wieder entzogen werden.

3) Beschränkungen der Geschäftstätigkeit der Federal branches und agencies

Der International Banking Act enthält in seinem § 4 eine Reihe von Geschäftsbeschränkungen, denen die Federal branches und agencies unterworfen sind. Diese entsprechen teils den Beschränkungen, denen auch national banks unterworfen sind, teils finden sie aber auch keine unmittelbar korrespondierenden Bestimmungen im Recht der amerikanischen Banken. Zu letzteren gehört vor allem die Verpflichtung der Federal branches und agencies, bei von ihnen designierten Banken gewisse

---

65) Comptroller of the Currency, Explanations zu 12 C.F.R. Part 28 (FBLR Nr. 98.037).

Mindesteinlagen als eine Art Eigenkapital zu unterhalten, um so eine kapitalmäßige Grundausstattung der Niederlassung in den USA zu gewährleisten.

Die vom International Banking Act erklärte Gleichstellung der ausländischen Bankniederlassungen mit den national banks bedeutet, daß damit außer den Bestimmungen des National Bank Act über die Geschäftstätigkeit auch alle anderen diesbezüglichen bundesrechtlichen Vorschriften zu beachten sind[66].

§ 4 IBA enthält lediglich Grundzüge über die Geschäftstätigkeit der Federal branches und agencies; Detailregelungen sind den Rechtsverordnungen des Comptroller of the Currency vorbehalten worden. Die hier maßgebende Verordnung, die am 13. November 1979 in Kraft getreten ist, ist in 12 C.F.R. Part 28 enthalten.

a) Depots als Eigenkapitalersatz

§ 4 (g) IBA verpflichtet eine Auslandsbank vom Tage der Eröffnung der Federal branch oder agency an, bei einer von ihr bestimmten Bank in dem Einzelstaat, in dem die Niederlassung ihren Sitz haben soll, Dollareinlagen oder Depots von Wertpapieren zu unterhalten. Diesen Depositen kommt die Funktion eines Quasi-Eigenkapitals der branch oder agency zu.

Die Dollar- oder Wertpapiereinlagen können in dem Niederlassungsstaat bei einer state member bank oder einer national bank unterhalten werden[67]. Die designierte Bank muß der entsprechenden Aufsichtsbehörde angezeigt und von dieser gebilligt werden. Zuständig für die Billigung der ausgewählten Bank ist der Board of Governors, wenn die designierte Bank eine state member bank ist, oder der Comptroller of the Currency im Falle einer national bank.

Die zu haltenden Mindesteinlagen müssen dem jeweils höheren der folgenden Beträge entsprechen:

(1) dem Kapital (ohne Reserven), das für die Errichtung einer national bank an dem gleichen Ort erforderlich wäre, oder

(2) 5 % der Gesamtverbindlichkeiten der branch oder agency einschließlich der Akzepte, jedoch unter Ausschluß der aufgelaufenen Kosten und der fälligen Beträge und sonstigen Verbindlichkeiten gegenüber Geschäftsstellen, branches, agencies oder subsidiaries der Auslandsbank.

---

66) 12 C.F.R. Part 28, Interpretations § 28.101 (1).
67) Hierzu und zum folgenden 12 C.F.R. § 28.6 sowie Comptroller of the Currency, Explanations zu 12 C.F.R. Part 28.

Im Einzelfall können die zu haltenden Einlagen erhöht werden, um den am Ort der Federal branch oder agency geübten allgemeinen Bankgepflogenheiten zu entsprechen. Die Unterhaltung der Einlagen richtet sich jeweil nach der vom Comptroller zu genehmigenden Depotvereinbarung zwischen Auslandsbank und Depotbank. Dabei ist sicherzustellen, daß die gehaltenen Einlagen frei sind von irgendwelchen Rechten der Depotbank, wie etwa Pfandrechten oder dem Recht zur Aufrechnung mit Gegenforderungen. Die gehaltenen Einlagen müssen in den Büchern der Depotbank gesondert ausgewiesen werden. Dem Comptroller steht an den Einlagen ein Pfandrecht zu; ohne seine Zustimmung dürfen sie nicht vermindert werden, jedoch darf die Auslandsbank die Einlagen inspizieren, sie austauschen und die Erträge daraus einziehen, solange sie ihre Geschäfte ordnungsgemäß führt.

Die Federal branch oder agency hat ein Quasi-Kapitalkonto (capital equivalency account) zu führen und für jeden Geschäftstag die Summe der Verbindlichkeiten zu notieren, die einer Quasi-Kapitaldeckung bedürfen. Dies sind alle Verbindlichkeiten abzüglich der aufgelaufenen Kosten und der fälligen Beträge und sonstigen Verbindlichkeiten gegenüber Geschäftsstellen, branches, agencies und subsidiaries der Auslandsbank. Am letzten Geschäftstag eines jeden Monats ist die durchschnittliche Tageshöhe dieser Verbindlichkeiten zu errechnen. Auf der Grundlage dieses Ergebnisses ist dann innerhalb der nächsten beiden Geschäftstage zu ermitteln, ob eine Erhöhung der Quasi-Kapitaleinlagen erforderlich ist, um den gesetzlichen Anforderungen zu genügen.

Hat eine Auslandsbank mehr als eine Federal branch oder agency in einem Einzelstaat, so wird die Höhe der Quasi-Kapitaleinlagen und der Verbindlichkeiten, die einer Deckung durch Quasi-Kapital bedürfen, im Wege der Zusammenrechnung (aggregation) aller dieser Federal branches und agencies ermittelt.

b) Asset maintenance als Eigenkapitalersatz

§ 4 (g) (4) IBA ermächtigt den Comptroller, für die Federal branches und agencies sogenannte asset maintenance requirements festzusetzen. Zu verstehen ist darunter die Verpflichtung, ständig ein bestimmtes Verhältnis zwischen Forderungen und Verbindlichkeiten zu wahren. Derartige Bestimmungen enthalten zahlreiche Bankengesetze der Einzelstaaten, unter ihnen der Staat New York, nach dessen Bankgesetz allen Drittverbindlichkeiten 108 % Aktiva gegenüberstehen müssen[68].

Der Comptroller hat bisher darauf verzichtet, asset maintenance requirements für die ausländischen Federal branches und agencies aufzu-

---

68) § 202 b (2) New York Banking Law.

stellen. Die Depothaltung und die Reservehaltungspflichten des § 7 IBA bieten seiner Ansicht nach ausreichende Sicherheit[69].

c) Begrenzung der Geschäftstätigkeit durch das Eigenkapital

Die Bankgesetze des Bundes sehen eine Anzahl von Geschäftsbeschränkungen der Banken vor, indem für einzelne Geschäftssparten bestimmte Verhältniszahlen zum Eigenkapital festgesetzt werden, die nicht überschritten werden dürfen. Ähnliche Relationen finden sich auch in den Bankgesetzen der Einzelstaaten. Zu nennen sind hier[70] Geschäftsbegrenzungen hinsichtlich der Ausgabe von Wertpapieren (investment securities, 12 U.S.C. 24), der Verschuldung (indebtedness, 12 U.S.C. 82), der Vergabe von Darlehen (legal lending limits, 12 U.S.C. 84), der Darlehen gegen Sicherheiten an Grundstücken (real estate loans, 12 U.S.C. 371), des Erwerbs von Grundstücken und Gebäuden für Geschäftsstellen (investment in bank premises, 12 U.S.C. 371 d), der Annahme von Wechseln (drafts and bills of exchange, 12 U.S.C. 372, 373) und der Beteiligung an Edge Act Corporations, 12 U.S.C. 618. Diese Beschränkungen gelten gemäß § 4 (b) IBA auch für die Auslandsbanken. Bezugsgröße ist der Dollargegenwert des Eigenkapitals (capital stock and surplus) der Auslandsbank. Bei Zweifeln darüber, was im Einzelfall dem Eigenkapital zuzurechnen ist, entscheidet der Comptroller. Unterhält eine Auslandsbank mehrere Federal branches oder agencies, werden die in allen diesen Niederlassungen getätigten Geschäfte zusammengerechnet[71]. Hat etwa eine Auslandsbank mehrere Federal branches in den USA und haben von diesen zwei an denselben Kunden Kredite vergeben, so dürfen die übrigen Federal branches diesem Kunden keine weiteren Kredite gewähren, wenn die ersten beiden Kredite zusammen bereits das legal lending limit von 10 % des Eigenkapitals ausschöpfen[72].

4) Interstate banking

Die behaupteten Geschäftsvorteile der Auslandsbanken auf dem Sektor des interstate banking gehörten während des Gesetzgebungsver-

---

69) Comptroller of the Currency, Explanations zu 12 C.F.R. Part 28; International Banking Act of 1978, A report by the Board of Governors of the Federal Reserve System, S. 12.

70) 12 C.F.R. Part 28, Interpretations, § 28.101 (5); zur Bestimmung des Eigenkapitalbegriffs: *U. H. Schneider,* Das haftende Eigenkapital im amerikanischen Bankenaufsichtsrecht, in: Festschrift für Zajtay (im Druck); *Böttger,* Nachrangige Verbindlichkeiten als Eigenkapital in den USA, ZfgK 1981, 665.

71) 12 C.F.R. § 28.6 (c).

72) 12 C.F.R. Part 28, Interpretations § 28.101 (5).

fahrens zum International Banking Act zu den am häufigsten verwendeten Argumenten für ein gesetzgeberisches Einschreiten. Wie sehr jedoch moderne Formen des Bankgeschäfts die früher einmal ausgeprägteren Wettbewerbsunterschiede zwischen ausländischen und amerikanischen Banken nivelliert haben, ist bereits an früherer Stelle gezeigt worden[73]. Davon abgesehen, mehren sich in letzter Zeit die Stimmen, die für eine gänzliche Abschaffung der das staatenübergreifende Bankgeschäft hemmenden Schranken des McFadden Act plädieren[74]. Diese Entwicklung war der Anlaß gewesen, in dem International Banking Act eine Verpflichtung des Präsidenten der Vereinigten Staaten von Amerika auszusprechen, dem Kongreß einen Bericht über die Zeitgemäßheit des McFadden Act vorzulegen[75]. Die noch unter der Regierung Carter erstellte Untersuchung bestätigt die von der Bankwirtschaft vorgetragene Kritik an dem Gesetz; der McFadden Act werde den heutigen Bedingungen der Bankwirtschaft nicht mehr gerecht und wirke geschäftshemmend[76]. Es wäre jedoch unbegründeter Optimismus, hieraus auf eine baldige Aufhebung dieses Gesetzes zu schließen. Die interstate banking-Beschränkungen haben die Struktur des gesamten Bankwesens der USA so stark geprägt, daß eine Änderung nur langfristig und langsam erfolgen kann.

Die Begrenzungen des interstate banking der ausländischen Bankniederlassungen sind in § 5 IBA normiert. Der Grundsatz der Gleichbehandlung amerikanischer und ausländischer Banken gebot es dabei, trotz aller Kritik an dem McFadden Act dessen für die US-Banken geltenden Bestimmungen auch auf die Auslandsbanken zu erstrecken.

a) Überblick über die gesetzliche Regelung

Entsprechend dem McFadden Act geht § 5 International Banking Act davon aus, daß eine Auslandsbank ebenso wie eine amerikanische Bank das Bankgeschäft und hier insbesondere das Einlagengeschäft in vollem Umfang nur noch in einem Einzelstaat betreiben darf. Zu diesem Zweck hat sie einen home state zu bestimmen, der für die Auslandsbank das Pendant zu dem Staat ist, in dem eine amerikanische Bank gegründet

---

73) Vgl. oben B IV 4; ferner: *Kolb*, Multistate branching and the International Banking Act of 1977, Lawyer of the Americas, 1978, 151.

74) Hierzu Stellungnahme einzelner Bankenvertreter in: Banking Industry Study: Interstate Banking, S. 1-45, *Keefe*, Bankreview 6. Feb. 1981; *Brown*, Interstate banking and a report from the test site, 1981 The Banking Law Journal, 616 ff; vgl. ferner (Notes) Will the barriers come down? The Banker, März 1981, 9.

75) § 14 IBA.

76) Vgl. dazu *(ohne Verfassernamen)*, Weiterer Ausbau des „interstate banking", Die Bank 1981, 126 ff., *Brown* (Fußnote 74), S. 617 f.

worden ist. Innerhalb ihres home state ist es der Auslandsbank freige-stellt, wie viele branches sie errichten will. Zu beachten ist in diesem Zusammenhang jedoch, daß nicht alle Einzelstaaten die unbegrenzte Errichtung von branches (state wide branching) erlauben. So ist etwa in Illinois die Errichtung nur einer weiteren branch innerhalb eines bestimmten Gebietes zulässig (limited state branching), während Pennsylvania nur eine einzige branch erlaubt (unit state branching)[77].

Was die Errichtung von branches außerhalb des home state betrifft, so statuiert § 5 International Banking Act zwar kein Verbot, schränkt aber die Möglichkeit des Einlagengeschäfts stark ein.

Begrenzt wird ferner die staatenübergreifende Ausweitung des Ein-lagengeschäfts durch Erwerb von Beteiligungen seitens einer subsidiary der Auslandsbank oder durch Zusammenschluß der subsidiary mit ande-ren Banken.

Für § 5 IBA gilt ebenso wie für die anderen Bestimmungen des Gesetzes, daß wichtige Einzelregelungen dem Verordnungsgeber über-lassen worden sind. Enthalten sind die Ausführungsbestimmungen in Teil B der Regulation K des Federal Reserve Board (12 C.F.R. Part 211).

b) Die Errichtung von branches

Die Errichtung einer branch außerhalb des Einzelstaates, den die Aus-landsbank als ihren home state gewählt hat, wird gem. § 5 (a) IBA von zwei Voraussetzungen abhängig gemacht:
- Die Errichtung der branch muß nach dem Recht des Einzelstaates, in dem sie betrieben werden soll, zulässig sein, und
- die Auslandsbank muß sich gegenüber dem Board of Governors des Federal Reserve System verpflichten, in der branch nur solche Einlagen anzunehmen, die auch eine Edge Act Corporation annehmen darf, § 25 (a) Federal Reserve Act.

aa) Die Anknüpfung an das Recht der Einzelstaaten

Die Voraussetzung, daß eine branch außerhalb des home state der Auslandsbank nur errichtet werden darf, wenn dies nach dem Recht des jeweiligen Staates zulässig ist, gilt sowohl für Federal branches als auch für State branches. Auffallend ist die vom Gesetzgeber gewählte unter-schiedliche Formulierung der Voraussetzungen. Während Federal bran-

---

77) *Glidden, Shockey,* U.S. branches and agencies of foreign banks: A comparison of the federal and state chartering options, 1980 The University of Illinois Law Forum, 82, 83.

ches außerhalb des home state nur errichtet werden können, wenn der entsprechende Einzelstaat dies „ausdrücklich zuläßt", wird die Errichtung einer state branch nur von der Erlaubnis der Bankaufsichtsbehörden des Einzelstaates abhängig gemacht. Zu verstehen ist dies dahingehend, daß eine für Zwecke des interstate banking beabsichtigte Errichtung einer Federal branch oder agency nur erfolgen darf, wenn die Bankgesetze des vorgesehenen Niederlassungsstaates durch ausdrückliche Bestimmung eine solche Niederlassung zulassen; Schweigen des Gesetzgebers zu dieser Frage reicht daher nicht aus. Soll hingegen die Zweigniederlassung als state branch oder agency betrieben werden, genügt die Erlaubnis der entsprechenden einzelstaatlichen Aufsichtsbehörde; einer gesetzlichen Zulassungsnorm bedarf es nicht[78].

Die unterschiedliche Formulierung der Voraussetzungen in § 5 (a) IBA ist von Bedeutung in zweifacher Hinsicht. Da die Bankgesetze der meisten Einzelstaaten zur Frage der Errichtung einer Federal branch oder agency durch Auslandsbanken schweigen, kommt dies einmal einer regionalen Beschränkung des interstate banking durch Niederlassungen mit Bundeszulassung gleich. Zum anderen wird in § 4 (b) IBA die Errichtung einer Federal branch oder agency in dem als home state gewählten Einzelstaat im Unterschied zu § 5 (a) IBA nicht von einer ausdrücklichen Zulassung durch den Staatengesetzgeber abhängig gemacht, sondern nur davon, daß dieser die Federal branch oder agency nicht ausdrücklich verbietet. Für Auslandsbanken, die sich für die Niederlassungsform der Federal branch oder agency entschieden haben, bietet es sich daher an, als home state einen solchen Staat zu wählen, der gegenüber der Errichtung einer Niederlassung mit Bundeszulassung indifferent ist, um so den Kreis der Staaten zu erweitern, in dem interstate banking in Form der Federal branch oder agency zulässig ist[79].

bb) Beschränkung des Einlagengeschäfts

Der Betrieb einer branch außerhalb des home state der Auslandsbank ist fortan nur noch zulässig, wenn sich die Auslandsbank gegenüber dem Federal Reserve Board verpflichtet, dort nur „solche Einlagen anzunehmen, die auch eine nach § 25 Federal Reserve Act gegründete Gesellschaft annehmen darf". Durch die Bezugnahme auf § 25 Federal Reserve Act wird die Geschäftstätigkeit der branches beschränkt auf den Rahmen, in dem Edge Act Corporations tätig sein dürfen. Dies bedeutet

---

78) Federal Reserve Board Explanations zu 12 C.F.R. Part 211 (FBLR Nr. 98.426); *Farrar, Raiken, Clarke,* Choice of home state under the International Banking Act of 1978, 1980 The University of Illinois Law Forum, 106.
79) *Glidden, Shockey* (vgl. Fußnote 77), S. 74.

im Ergebnis ein Verbot, im Bereich des interstate banking das allgemeine Einlagengeschäft zu betreiben. Ebenso wie von Edge Act Corporations dürfen von branches nur noch Einlagen, die mit der Durchführung von Auslandsgeschäften in unmittelbarem Zusammenhang stehen[80], angenommen werden.

c) Das Verbot des Beteiligungserwerbs

Neben den Geschäftsbeschränkungen, denen Auslandsbanken im interstate banking hinsichtlich des Einlagengeschäfts unterliegen, werden sie durch § 5 (a) (5) IBA auch bei ihrer Ausbreitung über Staatengrenzen hinweg durch Erwerb von Beteiligungen an anderen Banken gewissen Schranken unterworfen. Geregelt wird der Fall, daß eine Auslandsbank außerhalb ihres home state eine Bank-Tochtergesellschaft (subsidiary) unterhält und in dem Staat, in dem die subsidiary ihren Sitz hat, Beteiligungen an anderen Banken erwerben will. Angesprochen ist damit eine Fallgestaltung, die für amerikanische Banken im Bank Holding Company Act geregelt ist[81]. Nach § 3 (d) BHCA 1956 ist es einer amerikanischen Bank Holding Company verboten, außerhalb des States, in dem sie ihren Geschäftsschwerpunkt hat, Beteiligungen von mehr als 5 % an anderen Banken zu erwerben. Verboten ist ferner der Erwerb von Stimmrechtsaktien sowie die Übernahme des gesamten Vermögens oder des wesentlichen Teils des Vermögens einer anderen Bank. Eine Ausnahme gilt lediglich dann, wenn die Gesetze des entsprechenden Einzelstaates, in dem der Beteiligungserwerb erfolgen soll, diesen zulassen; das ist jedoch mit Ausnahme von Iowa und Maine in keinem Staat der USA der Fall.

§ 5 (a) IBA erstreckt die Regelung des § 3 (d) BHCA auf Auslandsbanken. Erreicht wird diese Erstreckung, indem Auslandsbanken mit einer Tochtergesellschaft außerhalb ihres home state als Bank Holding Company behandelt werden und fingiert wird, daß der Geschäftsschwerpunkt dieser Holding Company in dem home state der Auslandsbank belegen ist. Das Verbot des Beteiligungserwerbs folgt dann unmittelbar aus § 3 (d) BHCA.

Die Erstreckung des Bank Holding Company Act auf Auslandsbanken läßt jedoch eine Lücke offen, die eine indirekte Ausweitung des Einlagengeschäfts in dem Niederlassungsstaat der subsidiary weiterhin

---

80) Zu den Edge Act Corporations: *Foorman,* Revised Regulation K: Selected issues affecting Banking Edge Corporations, 1980 The University of Illinois Law Forum, 41 ff.
81) Dazu *Schulz-Hennig,* Banking Holding Companies im Wirtschaftsrecht der USA, S. 153 ff.

zuläßt. Durch § 3 (d) BHCA wird lediglich der Bank Holding Company selbst der Beteiligungserwerb in einem anderen Staat verboten. Nicht unter den Anwendungsbereich des Gesetzes fällt hingegen der Fall, daß die subsidiary ihrerseits Beteiligungen an anderen Banken erwirbt oder in ihrem Sitzstaat eigene branches errichtet, soweit letzteres durch die Bankgesetze dieses Staates gestattet ist[82]. Der Ausweitung des Einlagengeschäfts durch Fusionierung der Tochtergesellschaft mit anderen Banken hat der Federal Reserve Board versucht durch Verschärfung der home state-Bestimmungen entgegenzuwirken[83].

d) Besitzstandswahrung

Auslandsbanken waren vor dem Inkrafttreten des International Banking Act nicht daran gehindert, das Einlagengeschäft bundesweit durch branches zu betreiben. Um diesen Banken gegenüber unbillige Härten zu vermeiden, enthält § 5 (b) IBA eine Besitzstandsklausel (sog. grandfathering). Danach dürfen alle Banken, die vor dem 27. Juli 1978 in mehreren Einzelstaaten das Einlagengeschäft durch branches bereits betrieben haben oder einen Antrag auf Zulassung der Geschäftseröffnung gestellt hatten, weiterhin und zeitlich unbegrenzt in diesem Staat das Einlagengeschäft durch ihre branches ausüben.

e) Die home state Regelung

Art und Umfang der Geschäftstätigkeit der Auslandsbanken in den USA werden durch § 5 IBA eng an den Begriff des home state gebunden. Es überrascht daher, daß das Gesetz sich dem home state nur mit sehr dürren Bestimmungen widmet, die dessen Bedeutung leicht verkennen lassen. Ausführliche Regelungen zu diesem Fragenkomplex finden sich dagegen in der vom Federal Reserve Board zu § 5 IBA erlassenen Rechtsverordnung, die als Teil B der Regulation K angefügt wurde und am 9. Oktober 1980 in Kraft getreten ist. Nicht ganz unproblematisch ist dabei das Ausmaß, in dem der Federal Reserve Board von seiner Ermächtigung zum Erlaß der Rechtsverordnung Gebrauch gemacht hat. Die Bestimmungen der Regulation K gehen teilweise über die Konkretisierung des § 5 IBA hinaus und statuieren etwa mit den Vorschriften über den Wechsel eines home state sowie den daran anknüpfenden Folgen Beschränkungen, die keine Grundlage mehr in dem Gesetz haben[84].

82) Leuthold v. Camp, 273 F. Supp. 695; Federal Reserve Board Explanations zu 12 C.F.R. Part 211.
83) Regulation K § 211.12 (d); dazu unten e, bb.
84) Zu diesen Problemen vgl. *Farrar, Raiken, Clarke* (Fußnote 78), S. 91 ff.

aa) Die Wahl des home state

Auslandsbanken sind nach § 5 (c) IBA zur Wahl eines home state verpflichtet; üben sie ihr Wahlrecht nicht aus, bestimmt der Board of Governors von sich aus einen Staat als deren home state.

Die Wahl des home state mußte von den Auslandsbanken, die bereits vor dem 27. Juli 1978 mehrere Niederlassungen betrieben hatten, von denen mindestens eine im Einlagengeschäft tätig war, innerhalb von 180 Tagen nach Inkrafttreten des Teils B der Regulation K getroffen werden[85]. Diese Frist ist am 31. März 1981 ausgelaufen. Für eine neu auf den amerikanischen Markt kommende Auslandsbank gilt der Staat als home state, in dem sie ihre erste branch oder subsidiary errichtet. Bei Vertretung lediglich in der Form der agency besteht keine Pflicht zur Bestimmung eines home state.

An die home state-Regelung waren einschneidende Konsequenzen für alle die Banken geknüpft, die nicht in den Genuß der Besitzstandswahrung nach § 5 (b) IBA kamen[86]. Diese Banken mußten alle branches außerhalb ihres home state entweder in agencies umwandeln oder sich gegenüber dem Board of Governors verpflichten, in diesen branches das allgemeine Einlagengeschäft aufzugeben und sich auf den Geschäftsbereich zu beschränken, der den Edge Act Corporations offen steht. Daneben waren ebenfalls aufzugeben alle Beteiligungen und Stimmrechtsaktien an anderen Banken.

bb) Der Wechsel des home state

Obwohl der International Banking Act die Möglichkeit, einen einmal gewählten home state später zu wechseln, überhaupt nicht erwähnt, enthält die Regulation K auch hierzu detaillierte Bestimmungen[87]. Erlaubt ist danach der Wechsel des home state nur einmal, wobei folgende zusätzliche Bedingungen gelten:

— Der Wechsel muß dem Board of Governors 30 Tage vorher angezeigt werden, und

— die Auslandsbank muß in ihrem früheren home state alle branches, die sie in diesem Staat nur deshalb errichten konnte, weil sie ihn als ihren home state gewählt hatte, entweder schließen, in agencies umwandeln oder sich gegenüber dem Board of Governors verpflichten, den Geschäftsbereich der branch auf den einer Edge Act Corporation zu beschränken. Desgleichen sind alle Beteiligungen an anderen Banken,

---

85) Regulation K § 211.22 (b).
86) Regulation K § 211.22 (b).
87) Regulation K § 211.22 (c).

deren Erwerb aufgrund der home state-Wahl ermöglicht worden war, aufzugeben.

Diese Beschränkungen des home state-Wechsels stellen eine Kompromißlösung zwischen widerstreitenden Interessen dar[88]. Einerseits sollte es Auslandsbanken verwehrt werden, nach Errichtung eines aureichenden Netzes von branches in einem Staat durch Wechsel des home state unter Beibehaltung dieser Niederlassungen das Einlagengeschäft auf einen weiteren Staat auszudehnen. Dies hätte das interstate banking-Verbot des McFadden Act unterlaufen. Auf der anderen Seite war Rücksicht zu nehmen auf das Interesse derjenigen Einzelstaaten, die noch nicht zu den internationalen Finanzplätzen gehören, in Zukunft selbst solche Bankzentren aufbauen zu können. Ein völliges Verbot des home state-Wechsels hätte die Auslandsbanken zur Konzentration auf New York, Illinois und Kalifornien als den etablierten Finanzplätzen gezwungen und den Entwicklungsmöglichkeiten der anderen Staaten in diese Richtung praktisch ein Ende gesetzt[89]. Die Berücksichtigung dieser Interessen erklärt freilich nicht, warum die Möglichkeit zum Wechsel des home state auf lediglich einmal beschränkt wurde.

cc) Die Folgen der Fusionierung auf die home state-Bestimmung

Unterhält eine Auslandsbank in den USA außerhalb ihres home state eine subsidiary, so ist ihr durch § 5 (a) (5) IBA zwar verboten, in dem Staat, in dem die subsidiary ihren Sitz hat, Beteiligungen an anderen Banken von mehr als 5 % zu erwerben. Sowohl der International Banking Act als auch der Bank Holding Company Act lassen es aber weiterhin zu, daß die subsidiary selbst Beteiligungen an anderen Banken erwirbt oder mit diesen fusioniert.

In der Möglichkeit der Fusionierung der subsidiary mit anderen Banken hat der Federal Reserve Board schon lange eine Methode gesehen, die Schranken des interstate banking in begrenztem Rahmen zu umgehen[90]. Im Unterschied zu der ebenfalls möglichen Neugründung von branches seitens der subsidiary in deren Niederlassungsstaat erschien ihm die Fusionierung vor allem deshalb bedenklich, weil sie zu einer sofortigen Ausweitung der Geschäftstätigkeit hinsichtlich des Einlagengeschäfts und hinsichtlich der Zahl der Geschäftsstellen führt. Der

---

88) Federal Reserve Board Explanations zu 12 C.F.R. Part 211 (FBLR Nr. 98.426); vgl. auch schon oben A II 1b.
89) *Farrar, Raiken, Clarke* (Fußnote 78), S. 101.
90) The International Banking Act of 1978, A report by the Board of Governors of the Federal Reserve System, 17. Sept. 1980, S. 18.

Federal Reserve Board hat aus diesem Grund versucht, in seiner Regulation K über Sonderregelungen der home state Bestimmung hier eine gewisse Kontrolle auszuüben. Er war sich dabei bewußt, daß eine Rechtsverordnung nicht der richtige Ort für eine Regelung des Fusionierungsproblems ist, daß diese vielmehr richtigerweise im Bank Holding Company Act anzusiedeln wäre[91].

Regulation K § 211.22 (d) verpflichtet eine Auslandsbank, deren außerhalb ihres home state belegene subsidiary mit einer am Einlagenvolumen gemessenen größeren Bank fusionieren will, zur Anzeige dieser Absicht an den Federal Reserve Board. Die Anzeige muß 60 Tage vor Durchführung der geplanten Maßnahme erfolgen. Der Federal Reserve Board trifft dann eine vorläufige Entscheidung darüber, ob die Fusionierung noch im „Einklang steht mit der von der Auslandsbank getroffenen home state-Wahl". Kriterien für diese Entscheidung sind die Größe der geplanten Erwerbung im Verhältnis zu den übrigen Geschäften der Auslandsbank in den USA sowie die Möglichkeit der Auslandsbank, ihren home state in den Staat zu verlegen, in dem die Fusionierung erfolgen soll. Hält der Federal Reserve Board die geplante Fusionierung für so bedeutend, daß der Geschäftsschwerpunkt der Auslandsbank dadurch eher in diesem Staat als in dem gewählten home state liegen wird, so kann er entweder diesen Staat als neuen home state der Auslandsbank bestimmen oder der Auslandsbank aufgeben, Gründe darzulegen, die gegen eine solche Neuzuweisung des home state sprechen. Die betroffene Auslandsbank kann mündliche Anhörung verlangen.

Wird der Auslandsbank von dem Federal Reserve Board der Staat, in dem die subsidiary belegen ist, als neuer home state zugewiesen, so gelten die gleichen Bestimmungen wie beim Wechsel des home state. Dies bedeutet weitgehende Aufgabe des Einlagengeschäfts und von erworbenen Beteiligungen.

5) Edge-Act-Corporations und Agreement-Corporations

Edge-Act-Corporations sind nach § 25 (a) Federal Reserve Act errichtete Gesellschaften, deren Zweck darauf gerichtet ist, sich im internationalen und ausländischen Bankgeschäft oder in sonstigen internationalen und ausländischen Finanzgeschäften zu engagieren. Der Name

---

91) Report (Fußnote 90), S. 18.

„Edge-Act-Corporation" geht zurück auf den Initiator der gesetzlichen Bestimmung, Senator Edge[92].

Unter Agreement-Corporation werden solche nach § 25 Federal Reserve Act errichtete Gesellschaften verstanden, deren Gesellschaftszweck durch Vereinbarung mit dem Federal Reserve Board auf die Finanzierung und Förderung des internationalen und ausländischen Handels beschränkt worden ist[93]. Die Befugnisse dieser Gesellschaften sind auf die der Edge-Act-Corporations beschränkt, so daß im nachfolgenden eine gesonderte Erörterung der Agreement-Corporations entbehrlich ist.

Edge-Act- und Agreement-Corporations können in jedem Einzelstaat, der Gesellschaften dieser Art zuläßt, gegründet werden. Bis zum Erlaß des International Banking Act war daher die Errichtung einer Tochtergesellschaft in dieser Form für amerikanische Banken die einzige Möglichkeit, außerhalb ihres home state mit den branches und agencies der Auslandsbanken zu konkurrieren. Nach den Beschränkungen des interstate banking der Auslandsbanken durch § 5 IBA hat sich die Konkurrenzlage in diesem Bereich zwar entschärft; sie bleibt aber weiterhin unvermindert hinsichtlich der unter die Besitzstandswahrung (grandfathering) des § 5 (b) IBA fallenden branches und agencies der Auslandsbanken bestehen. Die Förderung der Konkurrenzfähigkeit der Edge Act Corporations gegenüber den Auslandsbanken ist dabei im International Banking Act ausdrücklich als einer der Zwecke des Gesetzes hervorgehoben worden[94].

Die gesetzliche Regelung der Edge-Act-Corporations ist in § 3 IBA enthalten. Ausführende und konkretisierende Bestimmungen hierzu hat der Federal Reserve Board in seiner Regulation K vom 20. Juni 1979 erlassen.

a) Die Gründung von Edge-Act-Corporations

Edge-Act-Corperations können sowohl von amerikanischen Gesellschaften als auch von Auslandsbanken gegründet werden. Die bei der Errichtung einer solchen Gesellschaft zu beachtenden Bestimmungen sind in § 3 (f) IBA und § 211.4 (a-b) Regulation K enthalten. So bedarf es

---

92) Zu den Edge-Act-Corporations: *Forman,* Revised Regulation K: selected issues affecting Banking Edge Corporations, 1980 The University of Illinois Law Forum, 41 ff; *Cobb,* A shot in the arm of Edge Act Corporations, 1980 The Banking Law Journal 236.
93) § 211.4 (f) Regulation K (12 C.F.R. Part 211).
94) § 3 (b) IBA, der § 25 (a) Federal Reserve Act ändert.

etwa zur Inkorporierung der Erlaubnis des Federal Reserve Board, die Ausgabe von Anteilen an der Gesellschaft unterliegt Sonderbestimmungen, die Firma der Gesellschaft muß deren Ausrichtung auf das internationale oder ausländische Geschäft durch Zusatz eines entsprechenden Adjektives (z. B. „international", „foreign", „overseas") erkennen lassen[95].

aa) Die Errichtung durch amerikanische Gesellschaften

Wird die Edge-Act-Corporation durch eine amerikanische Gesellschaft gegründet, so muß gewährleistet sein, daß die Anteilsmehrheit von amerikanischen Staatsbürgern oder anderen Gesellschaften, die ihrerseits im Mehrheitsbesitz von Amerikanern stehen, gehalten wird[96]. Eine Ausnahme von diesem Erfordernis gilt allerdings dann, wenn die die Edge-Act-Corporation errichtende Gesellschaft eine amerikanische Bank ist, die von einer Auslandsbank beherrscht wird. Hier gelten dann die gleichen Bestimmungen wie bei der Errichtung durch eine Auslandsbank. Unzulässig bleibt es aber weiterhin, daß eine Edge-Act-Corporation von einer amerikanischen Bank errichtet wird, die von ausländischen natürlichen Personen beherrscht wird. Diese Ausnahme ist in ihrer Allgemeinheit wohl kaum begründet; der Federal Reserve Board hat daher eine Modifizierung dieser Regelung vorgeschlagen[97].

bb) Die Errichtung durch Auslandsbanken

Die Errichtung von Edge-Act-Corporations durch Auslandsbanken, die diese dann auch beherrschen können, ist erst durch eine Änderung des Federal Reserve Act möglich geworden. Nach § 25 (a) (13) Federal Reserve Act in der durch § 3 (f) IBA geänderten Fassung kann eine Auslandsbank jetzt mit Erlaubnis des Federal Reserve Board mehr als 50 % der Anteile an einer Edge-Act-Corporation halten. Es ist nicht erforderlich, daß die Auslandsbank durch eine branch oder agency in den USA vertreten ist.

Gewährleistet wurde durch die Änderung des § 25 (a) Federal Reserve Act auch, daß die Auslandsbank die Edge-Act-Corporation durch Personal des eigenen Hauses führen kann. Das Erfordernis, daß alle directors Staatsbürger der Vereinigten Staaten sein müssen, ist aufgehoben worden, § 2 IBA.

95) Regulation K § 211.4 (a).
96) § 25 (a) (13) Federal Reserve Act.
97) The International Banking Act of 1978, A report by the Board of Governors of the Federal Reserve System, S. 9.

b) Errichtung von branches

Edge-Act-Corporations ist durch § 211.4 (c) Regulation K das Recht eingeräumt worden, mit Erlaubnis des Federal Reserve Board bundesweit branches zu errichten. Dies stellt gegenüber der früheren Rechtslage, die für die Aufnahme von Geschäftstätigkeiten in anderen Einzelstaaten jeweils die Gründung eigener Edge-Act-Corporations erforderte, eine bedeutende Erleichterung dar: Eine branch muß als unselbständiger Teil der Gesellschaft nicht mit eigenem Gesellschaftskapital ausgestattet werden, während früher für jede Niederlassung der Edge-Act-Corporation eine Mindestkapitalausstattung in Höhe von $ 200.000 vorgeschrieben war[98].

Die Errichtung von branches ist Edge-Act-Corporations außer im inneramerikanischen Raum auch im Ausland erlaubt; es bedarf auch hier der Erlaubnis des Federal Reserve Board[99].

c) Die erlaubte Geschäftstätigkeit

Edge-Act-Corporations sind in dem ihnen eröffneten Geschäftsbereich auf solche Tätigkeiten beschränkt, die im Zusammenhang mit internationalen oder ausländischen Geschäften stehen. Es muß sich dabei nicht um bankgeschäftliche Tätigkeiten handeln; zulässig ist auch die Beschränkung auf die Funktion einer Holdinggesellschaft für die Beteiligungen der amerikanischen Muttergesellschaft an ausländischen Gesellschaften[100]. Eine Edge-Act-Corporation ist im „Bankgeschäft engagiert", wenn sie in den USA Einlagen von nicht mit ihr verbundenen Personen annimmt[101]. Ihr stehen dann die in § 25 (a) (6) Federal Reserve Act genannten Bankgeschäfte sowie die in Regulation K bestimmten Geschäfte offen, die mit dem internationalen und ausländischen Bankgeschäft verbunden sind. Zu letzterem gehört vor allem die Annahme von Einlagen ausländischer natürlicher und juristischer Personen (einschließlich ausländischer Staaten); die Annahme von Einlagen sonstiger Personen, soweit die Gelder ins Ausland transferiert werden sollen oder der Bezahlung von Dienstleistungen seitens der Gesellschaft dienen, sowie die im Ausland eingezogenen Gelder, die zur Bezahlung exportierter oder importierter Güter dienen oder periodisch auf das Konto des Einlegers bei einem anderen Institut überwiesen werden. Von Bedeu-

---

98) Zum branching: *Foorman* (Fußnote 92), S. 43 ff.
99) Regulation K § 211.4 (c).
100) § 25 (a) (6) Federal Reserve Act.
101) § 211.2 (d) Regulation K.

tung sind ferner die Finanzierungsgeschäfte, die von den Edge-Act-Corporations vorgenommen werden dürfen. Finanziert werden können[102]:

a) Verträge und Unternehmungen, die überwiegend im Ausland ausgeführt werden;

b) der Import von Waren in die USA oder der Export;

c) der inländische Transport oder die vorübergehende Lagerung von Waren, die importiert worden sind oder exportiert werden;

d) die Ansammlung oder Umverpackung von Waren, die importiert worden sind oder exportiert werden.

Der so bestimmte Geschäftsbereich der Edge-Act-Corporations ist erheblich weiter als unter der vor dem Inkrafttreten des International Banking Act geltenden Rechtslage. Dennoch bleibt auch die jetzige Regelung noch hinter der zunächst vorgeschlagenen Regelung des Federal Reserve Board zurück, Edge-Act-Corporations das uneingeschränkte Bankgeschäft auch mit solchen amerikanischen Gesellschaften zu eröffnen, deren Geschäftstätigkeit überwiegend import- oder export-orientiert ist (sog. qualifying business entities)[103].

6) Die Einlagensicherung

Der International Banking Act statuiert in seinem § 6 für ausländische Bankfilialen, die in den USA das Einlagengeschäft betreiben, in bestimmten Fällen eine Pflichtmitgliedschaft in der Federal Deposit Insurance Corporation (FDIC). § 6 IBA erfaßt nur die branches; der Ausschluß der agencies erklärt sich daraus, daß diesen Rechtsformen ohnehin das allgemeine Einlagengeschäft verboten ist.

a) Voraussetzungen für die Pflichtversicherung

Das Gesetz differenziert hinsichtlich der Voraussetzungen, unter denen eine Filiale der Pflichtversicherung unterliegt, zwischen Federal branches und State branches. Für beide Arten von branches gilt jedoch gemeinsam, daß die FDIC nur dann die Einlagensicherung gewährt, wenn auch alle anderen branches der Auslandsbank, die in dem gleichen Einzelstaat betrieben werden und Einlagen auch von weniger als $ 100.000 annehmen, der FDIC beitreten[104]. Dies soll dem Einleger die

---

102) § 211.4 (e) (4) (IV) Regulation K.

103) Report by the Board of Governors of the Federal Reserve System (Fußnote 97), S. 5, 6.

104) 12 C.F.R. § 346.3; FBLR Nr. 47.524).

Orientierung erleichtern und ein verwirrendes Nebeneinander versicherter und nichtversicherter Einlageinstitute in ein und demselben Staat vermeiden.

aa) Federal branches

Federal branches unterliegen der Pflichtversicherung, wenn sie Einlagen auch von weniger als $ 100.000 annehmen und damit das Kleineinlagengeschäft betreiben. Die Mitgliedschaft in der FDIC ist für diese Bankfilialen Voraussetzung für die Erteilung bzw. Weitergewährung der Zulassung zum Bankgewerbe. Unter bestimmten Voraussetzungen kann einer branch, die Einlagen auch unterhalb der Schwelle von $ 100.000 annimmt, vom Comptroller of the Currency Befreiung von der Pflichtmitgliedschaft in der FDIC erteilt werden. Die Voraussetzungen dafür sind in der vom Comptroller zu § 6 (a) IBA erlassenen Rechtsverordnung vom 28. Juni 1979 enthalten[105]. Die Erteilung einer Versicherungsbefreiung kommt danach unter zwei Voraussetzungen in Betracht:
(1) Die Einleger sind Unternehmen mit einem Geschäftsvermögen (assets) von mehr als $ 1,5 Millionen, inländische oder ausländische Regierungen, internationale Organisationen oder Ausländer mit ständigem Aufenthaltsort außerhalb den USA.
(2) Die Einlagen aller anderen Einleger belaufen sich auf nicht mehr als 4 % der durchschnittlichen Einlagen bei der branch. Bankfilialen, denen danach eine Ausnahme von der Pflichtversicherung erteilt worden ist, müssen den Einlegern anzeigen, daß für ihre Einlagen keine Versicherung durch die FDIC besteht.

Die in der zweiten Ausnahmevoraussetzung vom Comptroller gezogene 4 %-Grenze ist von den Bankenaufsichtsbehörden der Einzelstaaten als zu hoch angesetzt kritisiert worden. Bei branches mit einem großen Einlagevolumen von Unternehmen, Organisationen oder ausländischen Kunden könne dies zu einer Befreiung von der Versicherungspflicht führen, obwohl die 4 % der übrigen Einlagen in absoluten Zahlen dies nicht mehr rechtfertigten[106].

bb) State branches

Das Gesetz enthält in § 6 (b) IBA Regelungen hinsichtlich der Pflichtversicherung von State branches, also Filialen mit einer Einzelstaatenzulassung. Die durch das duale Banksystem gesteckten kompetenzrecht-

---

105) 12 C.F.R. § 346.4.
106) Zur Kritik vgl. The International Banking Act, A Report by the Board of Governors of the Federal Reserve System, S. 13.

lichen Schranken verboten allerdings dem Bundesgesetzgeber, im einzelnen die Voraussetzungen der Pflichtversicherung zu normieren. Eine Mitgliedschaft in der FDIC ist daher für State branches nur zwingend, soweit die Gesetze des jeweiligen Einzelstaates dies erfordern. Die Ausnahmen von der Pflichtversicherung, also insbesondere im Falle der Annahme von „Kleineinlagen" von nicht mehr als $ 100.000, sind die gleichen wie für Federal branches nach § 6 (a) IBA.

Durch § 6 (b) IBA ist den Auslandsbanken die Möglichkeit eröffnet, der Pflichtversicherung bei der FDIC dadurch auszuweichen, daß sie den Niederlassungsort ihrer Filiale in einem solchen Staat wählen, dessen Bankengesetze keine Einlagenversicherung vorschreiben. Diese Möglichkeit ist jedoch lediglich theoretischer Art. Alle Einzelstaaten, mit Ausnahme von North Carolina und Texas, verlangen inzwischen unter nahezu gleichen Voraussetzungen wie der International Banking Act eine Pflichtversicherung für die in ihrem Staatsgebiet errichteten Bankfilialen. Die Voraussetzungen sowie die Ausnahmen sind für die State branches der Auslandsbanken im einzelnen in der Verordnung der FDIC vom 9. Juli 1979 (12 C.F.R. § 346.4) enthalten[107]. Die Ausnahmen von der Einlagenversicherung entsprechen denen für die Federal branches. Über das Bestehen oder Nichtbestehen der Versicherungspflicht entscheidet die FDIC.

b) Besondere Pflichten der Auslandsbanken

Die FDIC hat in Teil C ihrer Rechtsverordnung vom 9. Juli 1979 (12 C.F.R. § 346.16 ff.) Auslandsbanken, die eine bei ihr versicherte State branch oder Federal branch betreiben, eine Reihe besonderer Pflichten auferlegt. Hierbei handelt es sich um Informationspflichten gegenüber der FDIC, die getrennte Verwahrung von Büchern, die Verpfändung von Vermögenswerten an die FDIC sowie das zu wahrende Verhältnis von Aktiva zu Verbindlichkeiten.

aa) Informationspflichten

Die Auslandsbank hat sich gegenüber der FDIC schriftlich zu verpflichten, dieser auf Anforderung über die Geschäftslage (affairs) der Bank selbst sowie ihrer im Ausland belegenen Beteiligungsgesellschaften (affiliates) Auskunft zu geben[108]. Die Auskünfte sollen es der FDIC

---

107) Vgl. die Liste der Staaten in 12 C.F.R. Part 346, Anhang A (Stand: 5. Okt. 1979).
108) 12 C.F.R. § 346.17; dazu: FDIC Explanations (6) (FBLR Nr. 97.863). Zu den nichtversicherten Niederlassungen der Auslandsbanken vgl. *Fitzsimmons,* FDIC compliance by noninsured foreign bank branches, 1980 The Banking Law Journal, 435.

ermöglichen, das Verhältnis zwischen der versicherten branch zu ihrer Bank und deren Beteiligungsgesellschaften zu beurteilen und die Finanzlage der Bank im Hinblick auf die versicherte branch zu bewerten. Schränken die Bankgesetze des Heimatlandes der Auslandsbank die Erteilung von Auskünften ein, ist die FDIC hierüber zu informieren. Ist die Auskunftserteilung so beschränkt, daß nach Ansicht des Board of Directors daraus ein unannehmbares Risiko für den Einlagensicherungsfonds entsteht, wird die Einlagenversicherung abgelehnt. Für die betroffene Auslandsbank bedeutet dies, daß sie in den USA von dem Kleineinlagengeschäft ausgeschlossen ist.

bb) Geschäftsprüfungen

Die FDIC ist berechtigt, bei der branch Geschäftsprüfungen hinsichtlich der Bereiche, auf die sich die Informationspflicht erstreckt, durchzuführen. Die Auslandsbank hat sich außerdem schriftlich gegenüber der FDIC zu verpflichten, dieser alle von ihr geforderten Angaben über die Geschäfte zu erteilen. Diese schriftliche Verpflichtungserklärung ist Voraussetzung für die Erteilung der Einlagenversicherung, 12 C.F.R. § 346.17 (2).

cc) Getrennte Führung von Büchern

Eine versicherte branch muß ihre Konten und Bücher in englischer Sprache so führen, daß die Geschäftätigkeit der branch auf Tagesbasis genau wiedergegeben wird. Die branch wird in dieser Hinsicht wie eine Bank mit eigener Rechtspersönlichkeit behandelt. Die Geschäftsvorgänge müssen also getrennt von denen der Hauptniederlassung und denen der anderen Niederlassungen der Auslandsbank ausgewiesen werden. Eine Erleichterung der Buchführung wird für den Fall vorgesehen, daß eine Auslandsbank mehrere versicherte branches in demselben Einzelstaat unterhält: Alle diese branches können für die Zwecke der Buchführung als eine Einheit behandelt werden. Die Auslandsbank hat dann eine ihrer branches zu bestimmen, die für alle zusammen in diesem Staat die Bücher führt, 12 C.F.R. § 346.18.

dd) Verpfändung von Vermögenswerten

Eine Auslandsbank, die eine versicherte branch unterhält, hat an die FDIC Vermögenswerte zu verpfänden und bei einem anderen Institut auf ihre Kosten zu verwahren[109]. Welche Vermögenswerte als Sicherheit dabei in Frage kommen, ist in der Verordnung der FDIC im einzelnen bestimmt. In Frage kommen etwa: negotiable certificates of deposit, die von amerikanischen Banken ausgegeben und in den USA zahlbar sind, verzinsliche bonds, notes, debentures oder andere von den Vereinigten Staaten garantierte Obligationen. Tritt der Versicherungsfall ein und erbringt die FDIC Leistungen an die Einleger, fallen ihr die verpfändeten Vermögenswerte anheim.

Die verpfändeten Vermögenswerte müssen sich auf 10 % der durchschnittlichen Verbindlichkeiten der versicherten branch für die letzten 30 Tage des letzten Kalendervierteljahres belaufen. Von diesen Verbindlichkeiten werden jedoch abgerechnet alle solche Verbindlichkeiten, die die branch anderen Geschäftsstellen, agencies, branches oder den 100 %igen Tochtergesellschaften der Auslandsbank schuldet. Anrechnungsfähig sind ferner die Vermögenswerte, die die Auslandsbank bei Betrieb einer Federal branch dem Comptroller of the Currency oder bei Betrieb einer State branch dem entsprechenden Einzelstaat verpfänden muß, wobei für diese Posten jedoch eine Obergrenze bestimmt ist: Anrechnungsfähig sind diese Vermögenswerte bis höchstens 5 % der durchschnittlichen Verbindlichkeiten der branch.

ee) Verhältnis zwischen Forderungen und Verbindlichkeiten

Soweit die Bankgesetze eines Einzelstaates die Einhaltung eines bestimmten Verhältnisses von Aktiva zu Passiva (asset maintenance rule) vorschreiben, bedarf es keiner Verpfändung von Vermögenswerten an die FDIC, wenn das einzuhaltende Verhältnis von Aktiva zu Passiva strenger ist als das von der FDIC verlangte Verhältnis von verpfändeten Vermögenswerten zu Verbindlichkeiten[110]. Gleiches gilt zwar auch für die Federal branches, jedoch hat bis jetzt der Comptroller of the Currency auf das Aufstellen einer asset maintenance rule verzichtet, so daß für Federal branches in jedem Fall Vermögenswerte an die FDIC zu verpfänden sir·l.

---

109) 12 C.F.R. § 346.19; FDIC Explanations (8).
110) 12 C.F.R. § 346.20.

7) Reservehaltungspflicht

a) Die Regelung des International Banking Act

Zu den Hauptanliegen des Gesetzgebers bei der Schaffung des International Banking Act gehörte es, die ausländischen Bankniederlassungen den währungspolitischen Maßnahmen des Federal Reserve Board – und hier insbesondere der Pflicht zur Mindestreservehaltung – zu unterwerfen[111]. Der einfachste Weg, dies zu erreichen, nämlich für alle ausländischen branches und agencies eine Pflichtmitgliedschaft im Federal Reserve System zu statuieren, war aus kompetenzrechtlichen Gründen nicht gangbar gewesen: Das duale Bankensystem verbot es dem Bundesgesetzgeber, auch für branches und agencies mit Einzelstaatenzulassung die Mitgliedschaft im Federal Reserve System zwingend vorzuschreiben. Vor diesem Hintergrund erklärt sich die schließlich gefundene Regelung[112]:

– Ausländischen branches und agencies bleibt der Beitritt zum Federal Reserve System freigestellt, und zwar nach § 4 IBA auch den Federal branches und agencies.

– Federal branches und agencies werden unter bestimmten Voraussetzungen den gleichen Mindestreservehaltungspflichten unterworfen, die nach § 19 Federal Reserve Act für amerikanische national banks gelten. Diese Mindestreservehaltungspflichten finden auf alle Federal branches und agencies Anwendung, unabhängig davon, ob sie Mitglied des Federal Reserve System sind oder nicht.

– Die Reservehaltungspflicht kann im Benehmen und in Zusammenarbeit des Board of Governors mit den einzelstaatlichen Aufsichtsbehörden auf die State branches und agencies erstreckt werden.

Hinsichtlich des Kreises, der von der Reservehaltungspflicht betroffen wurde, sieht der International Banking Act eine Ausnahme der kleineren Bankinstitute vor. Nur solche Banken sollen Mindestreserven halten müssen, deren weltweit konsolidierte Bilanzsumme den Betrag von $ 1 Milliarde übersteigt. Ist die Auslandsbank eine Tochter einer anderen Gesellschaft oder Gruppe von Gesellschaften, so bezieht sich die 1 Milliarden-Grenze auf die Muttergesellschaft der Bank, § 7 (a) (2) IBA.

Die Höhe der zu haltenden Mindestreserven ist grundsätzlich für die Auslandsbanken die gleiche wie für Inlandsbanken. Der Board of

---

111) *Patrikis,* Marginal reserve requirements on branches and agencies of foreign banks, 1980 The University of Illinois Law Forum, S. 111-114.
112) § 7 IBA.

Governors ist jedoch ermächtigt, für Auslandsbanken gesonderte Reservesätze zu bestimmen, die auch über den für Inlandsbanken geltenden Sätzen liegen können. Die zu haltenden Reserven dürfen jedoch in keinem Fall 22 % übersteigen, § 7 (a) IBA.

Der Federal Reserve Board hat zur Durchführung des § 7 IBA am 19. März 1980 seine Regulation D um Bestimmungen hinsichtlich der Reservehaltung durch die branches und agencies der Auslandsbanken ergänzt. Weitgehend neu gestaltet wurde die Reservehaltungspflicht durch den kurz darauf verabschiedeten Monetary Control Act 1980.

b) Die Regelung des Depository Institutions Deregulation and Monetary Control Act 1980

Der Depository Institutions Deregulation and Monetary Control Act 1980 ist am 31. März 1980 in Kraft getreten[113]. Er ist die Antwort des Gesetzgebers auf die sich in den letzten Jahren verstärkende Tendenz der amerikanischen Banken, aus dem Federal Reserve System auszuscheiden und sich damit den währungspolitischen Maßnahmen des Federal Reserve Board zu entziehen. Zur raschen Verabschiedung des Gesetzes beigetragen hat dabei die Einsicht, daß die sich beschleunigende Inflationsrate nur durch entschiedenes Eingreifen des Federal Reserve Board bekämpft werden kann[114].

Das Gesetz besteht aus IX Titles, von denen Title I der Monetary Control Act 1980 ist. Dieses Gesetz beschränkt sich ausschließlich auf Änderungen des Federal Reserve Act.

Kernstück des Monetary Control Act ist die Einführung bundesweiter, einheitlicher Mindestreservehaltungspflichten sowohl für State banks als auch für Federal banks. Hinsichtlich des Kreises der von den Reservehaltungspflichten betroffenen Institute knüpft das Gesetz im Unterschied zum International Banking Act nicht an das Bilanzvolumen an, sondern an die rechtliche Möglichkeit, Mitglied der Federal Deposit Insurance Corporation zu werden[115]. Da allen State banks der Anschluß an die FDIC offen steht, sind diese unabhängig von ihrer tatsächlichen Mitgliedschaft den Mindestreserveerfordernissen unterworfen. Erfaßt werden von dem Anwendungsbereich des Gesetzes außerdem: savings banks, mutual savings banks, credit unions, Bankinstitute im Sinne des

---

113) 12 U.S.C. 226.
114) *Osthoff,* Strukturveränderungen im amerikanischen Bankwesen, Die Bank 1981, 122 ff.; *ders.,* Das Bankwesen in den USA, Die Bank 1980, 374.
115) § 19 (b) Federal Reserve Act in der durch § 103 Monetary Control Act geänderten Fassung.

§ 2 Home Loane Bank Act und des § 401 National Housing Act. Für die Auslandsbanken von Bedeutung ist, daß die Reservehaltungspflichten des Monetary Control Act für deren branches gelten[116]. Das hat weitreichende Konsequenzen. Da das Gesetz die Reservehaltungspflichten nicht an die Bilanzsumme, sondern nur noch an die rechtliche Möglichkeit des Beitritts zur FDIC knüpft, unterliegen fortan alle branches, d.h. insbesondere auch die State branches, der Reservehaltungspflicht. Die in § 7 (a) IBA vorgesehene Beschränkung der Pflicht zur Reservehaltung auf Bankniederlassungen mit einer konsolidierten Bilanzsumme von $ 1 Milliarde ist damit hinsichtlich der branches aufgehoben. § 7 (a) IBA hat weiterhin aber Bedeutung für die Bankniederlassungen in Form der agencies, da diese wegen des Verbots, Einlagen anzunehmen, nicht Mitglied der FDIC werden können und somit vom Anwendungsbereich des Monetary Control Act ausgeschlossen sind. Aus dem Zusammenwirken des International Banking Act mit dem Monetary Control Act ergibt sich damit eine Reservehaltungspflicht für alle branches und agencies mit folgenden Ausnahmen:

– agencies einer Auslandsbank, deren weltweit konsolidierte Bilanzsumme $ 1 Milliarde nicht übersteigt;
– commercial lending companies, d.h. die nach Art. 12 des Banking Law des Staats New York errichteten investment companies, da diesen ebenfalls das allgemeine Einlagengeschäft verboten ist und sie deshalb einer agency vergleichbar sind.

Die beiden Ausnahmen von der Reservehaltungspflicht sind vor dem Hintergrund der Inflationsbekämpfungsmaßnahmen des Federal Reserve Board kaum zu rechtfertigen. Der Board of Governors des Federal Reserve System hat daher in seinem Bericht vom 17. September 1980 zum International Banking Act auch eine Neuregelung des § 7 (a) IBA empfohlen, die sämtliche agencies und die commercial lending companies in die Reservehaltungspflicht einbeziehen und die $ 1 Milliarde-Grenze abschaffen soll[117].

c) Die Reservehaltungspflicht im einzelnen

Die Pflicht zur Mindestreservehaltung ist im einzelnen hinsichtlich der Voraussetzungen, des Umfangs, der Art der Reservehaltung etc. in der Regulation D des Board of Governors of the Federal Reserve System

---

116) § 19 (b) (5) Federal Reserve Act in geänderter Fassung; dazu *(ohne Verfassernamen)* Teilreform des US-Bankrechts, Die Bank 1980, 228.
117) Report of the Board of Governors (vgl. Fußnote 67), S. 16.

geregelt[118]. In der seit 13. November 1980 geltenden Neufassung sind sowohl die durch den International Banking Act 1978 als auch die durch den Monetary Control Act 1980 erforderlich gewordenen Änderungen und Ergänzungen enthalten.

aa) Umfang der Reservehaltungspflicht

Der Umfang, in dem Reserven zu halten sind, wird bestimmt durch gesetzlich fixierte Prozentsätze der Verbindlichkeiten der Bank. Als Berechnungsgrundlage dienen dabei folgende Verbindlichkeiten: net-transaction accounts, nonpersonal time deposits, Eurocurrency liabilities sowie im Hinblick auf agencies der Auslandsbanken deren credit balances.

(1) Transaction accounts

Der Begriff „transaction account" wird durch den Monetary Control Act definiert als „a deposit or account on which the depositor or account holder ist permitted to make withdrawals by negotiable or transferable instrument, payment orders of withdrawal, telephone transfers, or other similar items for the purpose of making payments or transfers to third persons or others"[119]. Eine detaillierte Aufschlüsselung in die einzelnen darunter fallenden Verbindlichkeiten enthält Regulation D, § 204.2 (e). Im einzelnen sind dies beispielsweise: Sichtverbindlichkeiten, NOW accounts (negotiable orders of withdrawal accounts), share draft accounts, ATS accounts (automatic transfer service = savings accounts subject to automatic transfers), Konten, von denen durch Geldautomaten Abbuchungen an Dritte erfolgen können, Konten, die Zahlungen an Dritte durch Scheck, Wechsel, debit cards oder ähnliche Papiere erlauben, sowie Konten, von denen per Telefon oder aufgrund vorheriger Ermächtigung pro Jahr mehr als drei Abbuchungen zugunsten Dritter vorgenommen werden dürfen. Daneben enthält die Regulation D noch eine Definition des Begriffs „Sichtverbindlichkeit" (demand deposit), die für die Zwecke der Reservehaltung den Begriff abweichend von dem sonst üblichen bestimmt. Als Sichtverbindlichkeit gelten täglich fällige oder solche Verbindlichkeiten, für die eine Kündigungsfrist oder eine Laufzeit von weniger als 14 Tagen vereinbart ist. So gelten als Sichtverbindlichkeit und damit als reservepflichtig die promissory notes, financial bills,

---

118) 12 C.F.R. Part 204.
119) § 19 (b) (1C) Federal Reserve Act in der durch § 103 Monetary Control Act geänderten Fassung.

acknowledgements of advances und funds supplied by nondepository affiliates. Ist die Laufzeit länger, gelten sie ebenfalls als Verbindlichkeiten; in diesem Fall sind sie jedoch nur reservepflichtig, wenn es sich um nonpersonal time deposits handelt.

Von der Mindestreservepflicht freigestellt sind jedoch Einlagen, die nur im Ausland zahlbar sind[120].

(2) Nonpersonal time deposits

Nonpersonal time deposits werden durch den Monetary Control Act definiert als „transferable time deposit or account or a time deposit or account representing funds deposited to the credit of, or in which any beneficial interest is held by, a depositor who is not a natural person".[121] Auch hier wird der Begriff wieder durch eine ausführliche Aufzählung der Verbindlichkeiten in Regulation D, § 204.2 (f) konkretisiert. Reservepflichtig ist danach jede befristete Verbindlichkeit (time deposit), soweit sie übertragbar ist, sowie jede Termineinlage, die nicht von einer natürlichen Person als Einleger gehalten wird. Desweiteren fallen darunter alle Spareinlagen juristischer Personen, die nicht bereits als transaction accounts gelten. Damit sind nichtübertragbare befristete Verbindlichkeiten gegenüber natürlichen Personen von der Reservehaltungspflicht ausgenommen.

Zu beachten sind bestimmte Zeitbestimmungen hinsichtlich der Reservehaltungspflicht für übertragbare Termineinlagen[122]. Bei übertragbaren Termineinlagen von natürlichen Personen ist zu unterscheiden, ob sie vor dem 1. Oktober 1980 oder danach begründet worden sind. Alle derartigen Einlagen, die vor dem 1. Oktober 1980 errichtet worden sind, fallen aus dem Erfordernis der Deckung durch Reserven heraus. Allen nach dem 1. Oktober 1980 errichteten übertragbaren Termineinlagen sind hingegen Reserven gegenüberzustellen. Die Übertragbarkeit einer Termineinlage kann ausgeschlossen werden durch den Vermerk „not transferable" oder „nontransferable". Hingegen reicht der Vermerk „not negotiable" oder „nonnegotiable" nicht aus, da dies noch Raum für Umgehungsmöglichkeiten läßt[123].

---

120) Regulation D § 204.3 (f) (1).
121) § 19 (b) (1D) Federal Reserve Act, in geänderter Fassung.
122) Regulation D § 204.2 (f) (III-IV).
123) Federal Reserve Board Explanations zu Regulation D (FBLR Nr. 98, 364).

(3) Eurocurrency liabilities

Nach dem Monetary Control Act sind auch für Eurocurrency-Gelder, die von den in den USA tätigen Banken und Bankenniederlassungen aufgenommen werden, Reserven zu halten[124]. Zu den Eurocurrency liabilities gehören etwa: der Nettobetrag (net balances) der von ausländischen Geschäftsstellen oder der von nicht verbundenen ausländischen Einlageinstituten aufgenommenen Gelder, Darlehen an in den USA ansässige Kreditnehmer von den im Ausland belegenen Geschäftsstellen eines in den USA tätigen Einlageinstituts sowie der Ertrag aus Verkäufen von Vermögenswerten der in den USA tätigen Einlageinstitute an ihre ausländischen Geschäftsstellen[125].

Besonderheiten gelten für die branches und agencies der Auslandsbanken[126]. Da diese über kein Eigenkapital verfügen und durch Darlehen ihrer im Ausland belegenen Mutterbank finanziert werden, müßten sie nach den vorgenannten Bestimmungen für diese Eurocurrency-Verbindlichkeiten Reserven halten. Dies hätte zu einer Ungleichbehandlung gegenüber den amerikanischen Banken geführt, die für ihr Eigenkapital keine Reserven halten müssen. Abhilfe ist hier in der Form geschaffen worden, daß die branches und agencies von dem Nettobetrag der bei ihrer Auslandsbank aufgenommenen Gelder einen Betrag abziehen können, der dem Eigenkapital entsprechen würde; lediglich gegenüber der verbleibenden Differenz sind Reserven zu halten[127]. Die Abzüge für das Quasi-Eigenkapital sind begrenzt. Sie dürfen 8 % des Gesamtvermögens der branch oder agency der Auslandsbank nicht übersteigen, wobei jedoch von dem Gesamtvermögen folgende Beträge abgerechnet werden:

a) Gelder, die gerade eingezogen werden (d.h. präsentierte Schecks oder auf Vorlage sofort zahlbare sonstige Papiere),

b) noch nicht gebuchte Verbindlichkeiten,

c) fällige Forderungen gegen Einlageinstitute, die nach amerikanischem Recht gegründet sind, und fällige Forderungen gegen andere ausländische Banken,

d) fällige Forderungen gegen ausländische Zentralbanken,

e) positive Verrechnungssalden gegenüber der IBF, gegen das Mutterinstitut und deren Geschäftsstellen innerhalb und außerhalb der USA.

---

124) Regulation D § 204.2 (h).
125) Regulation D § 204.2 (h); ausführlich zum Berechnungsverfahren die Federal Reserve Board Explanations zu der Verordnung vom 26. Nov. 1980 45 F.R. 79748, durch die Regulation D hinsichtlich der Eurocurrency liabilities geändert wurde (FBLR Nr.98.478).
126) § 19 (b) (5) Federal Reserve Act in der geänderten Fassung.
127) Hierzu und zu dem folgenden Regulation D § 204.2 (h) (2).

(4) Credit balances

Die Statuierung von Reservehaltungspflichten durch § 7 (a) IBA auch für agencies stellte vor das Problem, eine geeignete Berechnungsgrundlage für die Höhe der zu haltenden Reserven zu finden, da agencies von ihrer Rechtsform her die Annahme von Einlagen verboten ist. In seiner Verordnung vom 19. März 1980, durch die Regulation D entsprechend geändert wurde, entschied sich der Board of Governors, für die Zwecke der Reservehaltung an die credit balances der agencies anzuknüpfen und diese insoweit als Einlagen zu behandeln[128].

Credit balances sind die aus dem Geschäftsverkehr der agency mit Kunden herrührenden Guthaben, wobei es sich wegen des die agencies treffenden Verbots des allgemeinen Einlagengeschäfts nur um Guthaben aus dem Geschäftsverkehr handeln kann. In Betracht kommen etwa Guthaben im Zusammenhang mit der Auszahlung von Darlehen, dem Inkasso von Papieren im internationalen Handel oder „compensating balances" für Dienstleistungen der agency. Haben derartige credit balances eine Laufzeit von weniger als dreißig Tagen, unterliegen sie den Reservesätzen für Sichtverbindlichkeiten; bei einer Laufzeit von dreißig Tagen oder mehr finden die Reservesätze für befristete Verbindlichkeiten (time deposits) Anwendung[129].

bb) Zusammenrechnen der Einlagen bei mehreren branches und agencies

Unterhält eine Auslandsbank in einem Einzelstaat mehrere branches und agencies, so werden zum Zweck der Ermittlung der zu haltenden Mindestreserven alle bei diesen Niederlassungen gehaltenen Einlagen zusammengerechnet[130]. Eine Ausnahme hiervon besteht allerdings dann, wenn die Grenze eines Federal Reserve Bank-Distrikts durch diesen Staat verläuft. In diesem Fall dürfen nur solche branches und agencies in diesem Staat zusammengezogen werden, die auch innerhalb desselben Federal Reserve Districts liegen. Der Grund hierfür ist, daß die Reserven jeweils bei der Federal Reserve Bank zu halten sind, in deren Distrikt die branch oder agency belegen ist.

---

128) Vgl. Federal Reserve Board, Explanations zur Änderung der Regulation D durch Verordnung vom 19. 3. 1980, 45 F.R. 19216 (FBLR Nr. 98.206).
129) Federal Reserve Board Explanations „credit balances" (vgl. Fußnote 128).
130) Federal Reserve Board Explanations zur Änderung der Regulation D durch Verordnung vom 19. 3. 1981, 45 F.R. 19216 (FBLR Nr. 98.206). „Aggregation for reserve requirement calculation".

Die Entscheidung, jeweils nur auf der Ebene des Einzelstaates die Bankniederlassungen rechnerisch zusammenzuziehen, hat ihren Ursprung in Kostenerwägungen. Dieses Verfahren hat sich gegenüber einer bundesweiten Zusammenrechnung für die betroffenen Institute als kostengünstiger erwiesen.

cc) Die Mindestreservesätze

Die Mindestreservesätze sind gesetzlich durch § 19 (b) Federal Reserve Act in der durch den Monetary Control Act 1980 geänderten Fassung festgelegt. Sie sind unterschiedlich ausgestaltet, je nach Art der Einlage, gegenüber der sie zu halten sind. Es gelten im laufenden Kalenderjahr 1982 folgende Sätze[131]:

Art der Einlage	Reservesätze
1) *Net transaction accounts:*	
$ 0 - 26 Millionen	3 % des Betrags
über $ 26 Millionen	$ 780.000 plus 12 % des über 26 Millionen liegenden Betrags
2) *Nonpersonal time deposits:* nach ursprünglicher Laufzeit (oder notice period)	
von weniger als 4 Jahren	3 %
von 4 Jahren oder mehr	0 %
3) *Eurocurrency-Verbindlichkeiten*	3 %

Der Monetary Control Act hat in seinem § 103 (b) (2) (A) für transaction accounts eine bestimmte Dollar-Tranche festgesetzt, für die der ermäßigte Mindestreservesatz von 3 % gilt. Diese Tranche, die sich für das Jahr 1981 auf $ 25 Millionen belief, ist jedoch kein unveränderlicher Betrag, sondern eine variable Größe, die jährlich neu vom Federal Reserve Board für das folgende Kalenderjahr festzusetzen ist. In welcher Weise diese Bezugsgröße zu verändern ist, wird im einzelnen im Monetary Control Act bestimmt[132]. Danach ist jährlich die am 30. Juni bestehende Gesamtsumme der Einlagen in transaction accounts bei allen Einlageinstituten (depository institutions) der entsprechenden Gesamtsumme am 30. Juni des Vorjahres gegenüberzustellen und der Prozentsatz

---

131) Vgl. Tabelle in Regulation D § 204.9.
132) § 19 (b) (2C) Federal Reserve Act in der durch den Monetary Control Act 1980 geänderten Fassung.

zu ermitteln, um den die Summen differieren. Ist ein Anwachsen der Gesamteinlagen in transaction accounts zu verzeichnen, so werden von der prozentualen Zuwachsrate 80 % zu der Tranche hinzugezählt, für die der ermäßigte Mindestreservesatz gilt. Sind die Gesamteinlagen hingegen gegenüber dem Vorjahr zurückgegangen, werden 80 % der prozentualen Minderungsrate von dieser Tranche abgezogen. Der so ermittelte neue Betrag ist dann jeweils für das folgende Kalenderjahr die Tranche, für die der Mindestreservesatz von 3 % gilt[132a]. Die Festsetzung erfolgt durch Rechtsverordnung des Federal Board.

Verändert werden können durch den Federal Reserve Board schließlich auch die einzelnen Reservesätze. Der Federal Reserve Act sieht hierzu folgende Regelung vor: Die Reservesätze für transaction accounts, soweit sie sich auf die die $ 25 Millionen-Tranche (bzw. den entsprechend geänderten Betrag) übersteigenden Beträge beziehen, müssen mindestens 8 % und dürfen höchstens 14 % betragen. Die Reservesätze für nonpersonal time deposits dürfen höchstens 9 % betragen, keine Mindest- oder Höchstsätze sind hingegen für die Eurocurrency liabilities bestimmt. Bei außergewöhnlichen Umständen können unter Einhaltung bestimmter verfahrensrechtlicher Bestimmungen die Höchst- bzw. Mindestgrenzen der Reservesätze für 180 Tage mit der Möglichkeit der Verlängerung um nochmals weitere 180 Tage überschritten werden[133].

Abgesehen von diesen allgemeinen Bestimmungen kann der Federal Reserve Board auch gegenüber einzelnen Instituten die Unterhaltung zusätzlicher Reserven anordnen (supplemental reserves). Diese dürfen höchstens 4 % aller transaction accounts des betroffenen Instituts ausmachen. Die Anordnung solcher zusätzlicher Reserven ist nur unter sehr engen Voraussetzungen zulässig[134].

dd) Die $ 25 Millionen-Tranche für branches und agencies der Auslandsbanken

Für Auslandsbanken gilt hinsichtlich der Reservehaltungspflicht gegenüber den bei ihren branches und agencies gehaltenen transaction

---

132a) Für das Jahr 1982 ergibt sich danach folgender Rechenvorgang: In der Zeit vom 30. Juni 1980 bis zum 30. Juni 1981 sind die Einlagen in den transaction accounts um 5,25 % angewachsen. 80 % aus diesen 5,25 % ergeben 4,2 %. Um diese 4,2 % ist die für das Jahr 1981 geltende $ 25 Millionen Tranche anzuheben, so daß im Jahr 1982 der Betrag, für den der ermäßigte Mindestreservesatz von 3 % gilt, sich auf $ 26 Millionen beläuft.

133) § 19 (b) (3) Federal Reserve Act.

134) § 19 (b) (4) Federal Reserve Act.

accounts eine Besonderheit. Für transaction accounts beträgt der Mindestreservesatz 3 % für die ersten $ 25 Millionen. Einer Auslandsbank steht die $ 25 Millionen-Tranche, auf die der ermäßigte Reservesatz von 3 % Anwendung findet, für alle ihre branches und agencies in den USA zusammen nur einmal zu[135]. Die Auslandsbank soll, soweit dies sinnvoll ist, die $ 25 Millionen-Tranche einer ihrer branches oder agencies zuweisen. Kann diese den Gesamtbetrag selbst nicht voll ausschöpfen, so kann der Restbetrag den anderen branches zugewiesen werden. Diese Verteilung kann jeweils nach einem Jahr neu vorgenommen werden.

ee) Berechnung der Höhe der zu haltenden Reserven

Die tatsächliche Höhe der bei der Federal Reserve Bank zu haltenden Mindestreserven wird für einen Zeitraum von jeweils sieben Tagen auf der Basis der durchschnittlichen Einlagen pro Tag berechnet, wobei der Berechnungszeitraum (computation period) am Mittwoch endet[136]. Auf die so ermittelten Einlagenvolumen werden die Reservesätze bezogen und der Dollarbetrag der Reserven errechnet. Von diesem Betrag wiederum werden die durchschnittlichen Tageskassenbestände abgezogen. Der ermittelte Endbetrag ist dann als Reservebetrag für eine Dauer von ebenfalls sieben Tagen (maintenance period) bei der Federal Reserve Bank zu halten, wobei die maintenance period jeweils am zweiten Donnerstag nach Ablauf des Berechnungszeitraums (computation period) beginnt.

Die Reserven können in Form von Bargelddepots oder Konten bei der Federal Reserve Bank gehalten werden.

Der Federal Reserve Board hat seine Absicht erklärt, von dem System des Monetary Control Act, unter dem computation period und maintenance period auseinanderfallen, abzukehren und das früher praktizierte Verfahren wieder einzuführen, nach dem beide Zeiträume sich decken[137].

ff) Übergangsbestimmungen

Der Monetary Control Act und die dazu ergangene Änderung der Regulation D enthalten ausführliche Übergangsbestimmungen, während der den reservehaltungspflichtigen Instituten der Übergang zu den

---

135) Regulation D § 204.3 (a) (1); The International Banking Act of 1978, A Report by the Board of Governors of the Federal Reserve System, S. 15.
136) Regulation D § 204.3 (c).
137) Federal Reserve Board Explanations vom 15. August 1980 zur Änderung der Regulation D „Contemporaneous Reserve Accounting", FBLR, Nr. 98.364.

neuen Reservesätzen erleichtert werden soll[138.] Die Fristen betragen für member banks etwa 3 ½ Jahre, für nonmember banks (außer branches und agencies von Auslandsbanken) acht Jahre und für die branches und agencies der Auslandsbanken zwei Jahre[139].

8) International banking facilities

Die Reservebestimmungen des Monetary Control Act und der Regulation D enthalten zahlreiche Sonderbestimmungen für international banking facilities (IBF).

International banking facilities sind ausgegliederte Abteilungen einer Bank, die – gleichsam als Bank innerhalb einer Bank – solche Bankgeschäfte betreiben, die bisher nur von offshore-Niederlassungen betrieben werden konnten[140]. Die Eröffnung dieses Geschäftsbereichs auch für alle inneramerikanischen Banken und Bankniederlassungen geht auf eine Initiative des Staates New York zurück, der im Jahr 1978 Banken für das durch international banking facilities erlangte Nettoeinkommen Befreiung von den Steuern des Staates New York und von den lokalen Steuern gewährte. Voraussetzung für die Steuerbefreiung war jedoch der Erlaß von Reservebestimmungen für international banking facilities-Einlagen durch den Staat New York, die im Einklang mit Bundesgesetzen und -Regulations des Federal Reserve Board stehen mußten. Diese Voraussetzungen sind jetzt mit Erlaß des Monetary Control Act und der Ergänzung der Regulation D vom 13. Juni 1981 geschaffen. Bundesweit sind international banking facilities vom 3. Dezember 1981 an zulässig.

Es sind im wesentlichen zweierlei Gründe, die zur Zulassung von international banking facilities geführt haben. Einmal sollte die Wettbewerbsfähigkeit der amerikanischen Banken gegenüber den europäischen Euromarktzentren gefördert werden[141]. Daneben spielte aber wohl auch die Überlegung mit, durch Zulassung des offshore banking bei inneramerikanischen Banken diesen Bereich, der bisher der Aufsicht ameri-

---

138) § 19 (b) (8) Federal Reserve Act in der geänderten Fassung.
139) Regulation D § 204.4 mit ausführlichen Zeittafeln.
140) Regulation D § 204.8. Zu den IBF vgl. *Dormanns,* Fed. gefürwortet international banking facilities, Die Bank 1981, 70 ff.; *Ireland,* International Banking Facilities: The Bahamas eyes its future, The Banker, Juli 1981, 51 ff.; *Lascelles,* Fed. clears the way for offshore banking, The Banker, Februar 1981, 89; *Kleinheyer,* Bankenfreihandelszone in den USA, 1981 Kredit und Kapital, 412 ff.; *Andreae,* Le régime fiscal des „international banking facilities" établies à New York, Banque 1981, 1211 ff.
141) Federal Reserve Board Explanations vom 18. Juni 1981 zu Regulation D „General Policy Regarding Activities of IBFs", FBLR Nr. 98.780.

kanischer Bankenbehörden verschlossen war, in Zukunft unter die amerikanische Bankenaufsicht zu ziehen. Letzteres würde nur gelingen, wenn die amerikanischen Banken ihre offshore-Geschäftsstellen tatsächlich schließen würden. Zu erwarten ist jedoch, daß die großen, bisher im offshore-Bereich tätigen Banken aus der Befürchtung einer sich schrittweise immer mehr ausdehnenden Bankenaufsicht ihre bisherigen Geschäftsstellen vor allem auf Cayman Island und Nassau zunächst neben den neuen international banking facilities beibehalten werden[142].

a) Die Eröffnung einer international banking facility

Die Eröffnung einer international banking facility ist einfach. Es bedarf lediglich der Ausgliederung einer mit diesem Geschäftsbereich befaßten Abteilung aus einer Bank, die dann das ihr zugeordnete Vermögen sowie ihre Konten getrennt von den Büchern der Bank führen muß. Eine international banking facility braucht daher nicht mit eigener Rechtspersönlichkeit ausgestattet zu werden[143].

Für die Eröffnung einer international banking facility bedarf es keiner Erlaubnis des Federal Reserve Board. Erforderlich ist lediglich die Anzeige der beabsichtigten Eröffnung an die Reservebank des Distrikts, in dem sie betrieben werden soll[144]. Die Anzeige muß mindestens 14 Tage vor Beginn der ersten computation period (Berechnungszeitraum für Mindestreserven) abgegeben werden, innerhalb der die Eröffnung der international banking facility geplant ist.

Neben den Bundesgesetzen und den Regulations des Federal Reserve Board unterliegen die international banking facilities den Gesetzen des jeweiligen Einzelstaates, in dem sie betrieben werden. Dies ist vor allem unter steuerlicher Sicht von Bedeutung, da ohne Befreiung von den einzelstaatlichen und lokalen Steuern auf die Einnahmen aus dem Betrieb derartiger facilities deren Einrichtung für Banken unattraktiv ist.

b) Die Träger der international banking facilities

Träger der international banking facilities können einmal alle nach amerikanischem Recht errichtete Banken, Edge Act Corporations und Agreement Corporations sein sowie zum anderen auch die branches und agencies von Auslandsbanken[145].

---

142) *Ireland* (Fußnote 140), S. 53; *Bellanger,* Les zones bancaire on-shore aux Etats-Unis: peuvent-elles ramener le dollar à sa source, Banque 1981, 1209
143) Federal Reserve Board Explanations (Fußnote 141), „Establishing an IBF".
144) Regulation D § 204.8 (e).
145) Regulation D § 204.8 (d).

Ein Institut kann mehrere international banking facilities errichten; Voraussetzung ist lediglich, daß die Niederlassung, bei der sie errichtet werden soll, eine solche Niederlassung ist, die einen gesonderten Bericht über transaction accounts, andere Einlagen und Kassenbestände (Report of Transaction Accounts, Other Deposits and Vault Cash-Form F.R. 2900) an ihre Reserve Bank abzugeben hat[146].

c) Erlaubte Geschäftstätigkeit

International banking facilities können in bestimmtem Rahmen Termineinlagen annehmen und Darlehen vergeben[147].

aa) Die Annahme von Termineinlagen

Die Annahme von Termineinlagen („international banking facility time deposits") unterliegt besonderen Bestimmungen hinsichtlich der Art der Einlagen, des Kreises der Einleger, der Mindestbefristung der Einlagen und der möglichen Transaktionen[148].

(1) Art der Einlagen

Als Termineinlage gelten desposit, placement, borrowing or similar obligations, die verbrieft sein müssen, etwa durch promisory notes oder acknowledgment of advances oder ähnliche, nicht übertragbare und nicht auf den Inhaber ausgestellte Papiere. Termineinlagen bei international banking facilities können auch in Fremdwährung gehalten werden. Die Einrichtung von transaction accounts ist unzulässig[149].

(2) Kreis der Einleger

International banking facilities dürfen Einlagen grundsätzlich nur von solchen natürlichen Personen, juristischen Personen oder deren Geschäftsstellen annehmen, die keine Gebietsansässigen der USA sind (non-United States residents); eine Ausnahme von dieser Regel besteht lediglich für die international banking facilities selbst, die ebenfalls dem Kreis der möglichen Einleger zugerechnet werden[150].

---

146) Regulation D § 204.8 (d).
147) Regulation D § 204.8 (a) (2-3).
148) *Dormanns,* Die Bank 1981, 70, 71.
149) Federal Reserve Board Explanations (Fußnote 141) „Maturity of IBF time deposits".
150) Regulation D § 204.8 (a) (2) (I B[4]).

Wer im einzelnen Einleger sein kann, wird in § 204.8 Regulation D bestimmt. Dabei wird unterschieden zwischen Einlegern, die das Bankgeschäft betreiben, und solchen, die nicht bankgeschäftlich tätig sind. Diese Unterscheidung ist von Bedeutung für die nachfolgend unter (3) und (4) behandelte Mindestbefristung der Einlagen und der Beschränkungen der Transaktionen. Als Einleger, die das Bankgeschäft betreiben, kommen danach in Frage: jede im Ausland belegene Geschäftsstelle einer Auslandsbank, einer amerikanischen Bank, eines amerikanischen Einlageinstituts oder einer Edge-Act- oder Agreement-Corporation, jede andere international banking facility sowie jedes Institut, das von den Höchstzinssätzen der Regulation Q ausgenommen ist.

Einleger, die nicht das Bankgeschäft betreiben, können sein: ausländische natürliche Personen sowie jede im Ausland belegene Geschäftsstelle, Niederlassung oder Beteiligungsgesellschaft einer Gesellschaft, die von einer amerikanischen Gesellschaft kontrolliert wird, vorausgesetzt, daß die Einlagen der Finanzierung der außerhalb der USA getätigten Geschäfte dienen.

(3) Mindestbefristung der Einlagen

Termineinlagen bei international banking facilities können mit einer geringeren Fristigkeit als bei den übrigen Einlageinstituten gehalten werden. Die Mindestbefristung ist unterschiedlich ausgestaltet und knüpft daran an, ob der Einleger das Bankgeschäft betreibt oder nicht: Ist der Einleger im Bankgeschäft tätig, können die Einlagen auf einer „overnight-basis" angenommen werden. Für die übrigen Einleger gilt eine Mindestbefristung von zwei Geschäftstagen. Ausdrücklich ausgeschlossen wird dabei die Möglichkeit, die Zwei-Tages-Frist dadurch zu umgehen, daß die Einlagen zu einem kürzeren Termin gekündigt werden[151].

(4) Beschränkungen der Transaktionen

International banking facilities dürfen keine transaction accounts einrichten. Um die Einhaltung dieses Verbots besser zu gewährleisten, bestimmt Regulation D, daß alle Kontentransaktionen, d.h. Abbuchungen und Einzahlungen, sich auf mindestens $ 100.000 belaufen müssen; dies soll von vornherein den Anreiz zu zahlreichen Transaktionen hinsichtlich des Einlagenkontos mindern[152]. Der Mindestbetrag von $ 100.000 für Abbuchungen und Einzahlungen gilt jedoch nur für die

151) Regulation D § 204.8 (a) (2) (II A[3]).
152) Federal Reserve Board Explanations (Fußnote 141) „Minimum size transactions".

74

Einleger, die nicht im Bankgeschäft tätig sind; für die das Bankgeschäft betreibenden Einleger wurde von der Statuierung eines Mindestbetrages der Transaktionen abgesehen[153].

bb) Die Vergabe von Geldern

Die Vergabe von Geldern seitens der international banking facilities (sog. IBF-loans) kann erfolgen im Wege der Hingabe von Darlehen, dem Erwerb von Wertpapieren oder der Plazierung von Geldern in einem Einlagenkonto[154].
Auch hier muß die Forderung wieder durch ein Papier verkörpert sein. Die Vergabe von Geldern darf nur an Personen erfolgen, die auch als Einleger in Betracht kommen, oder aber an das Institut, das die international banking facility errichtet hat. Die Gelder müssen im Zusammenhang mit der internationalen Geschäftstätigkeit oder den im Ausland geführten Geschäften des Schuldners gewährt werden.

d) Ausnahmen von der Reservehaltungspflicht und den Höchstzinssätzen

Institute, die eine international banking facility unterhalten, sind von der Verpflichtung befreit, Reserven für die bei ihren international banking facilities eingelegten Geldern oder für die von diesen aufgenommenen Gelder zu halten[155]. Besonderheiten gelten, wenn das „Mutterinstitut" einer international banking facility bei dieser Gelder aufnimmt. Für diese Gelder hat das Mutterinstitut wie für Eurocurrency liabilities Reserven zu halten[156].
Die bei den international banking facilities unterhaltenen Einlagen sind schließlich auch von den Höchstzinssätzen der Regulation Q befreit.

e) Die Überwachung der international banking facilities

International banking facilities unterliegen der Überwachung durch den Federal Reserve Board in gleichem Maße wie die Bank, die diese facility eröffnet hat[157]. Geschäftsprüfungen werden in Zusammenhang mit der Prüfung des „Mutterinstituts" vorgenommen. Der Federal Reser-

---

153) Federal Reserve Board Explanations „Minimum size transactions".
154) Regulation D § 204.8 (a) (3).
155) Regulation D § 204.8 (c).
156) Federal Reserve Board Explanations (Fußnote 141) „Permissible IBF Assets".
157) Regulation D § 204.8 (3-f); Federal Reserve Board Explanations „Supervision and Reporting Requirements".

ve Board ist berechtigt, von einem Institut die Abgabe von Berichten über die Geschäftstätigkeit, die Aktiva und Passiva der international banking facility zu verlangen. Ergibt sich, daß eine international banking facility die ihr gezogenen Grenzen der Geschäftsbetätigung nicht beachtet, stehen dem Federal Reserve Board folgende Sanktionsmittel zu: Die Einlagen können der Reservepflicht und den Höchstzinssätzen der Regulation Q unterworfen werden, dem betreffenden Institut kann die Erlaubnis zum Betrieb einer international banking facility entzogen werden[158].

Die einem Institut obliegenden Berichtspflichten an den Federal Reserve Board lassen es als zweifelhaft erscheinen, ob die international banking facilities von den Banken als eine Alternative zu den offshore-Niederlassungen akzeptiert werden. Der Vorteil der offshore-Niederlassungen lag − außer dem steuerlichen Aspekt − vor allem darin, daß Art und Volumen der Geschäfte den Aufsichtsbehörden nicht mitgeteilt zu werden brauchte. Dies ist bei Eröffnung einer international banking facility nicht mehr möglich.

9) Betätigung im nichtbankgeschäftlichen Bereich

Auslandsbanken waren bis zum Erlaß des International Banking Act von dem Verbot der Betätigung auch im nichtbankgeschäftlichen Sektor ausgenommen. Diese Lücke zu schließen und Gleichheit der rechtlichen Stellung als auch der Chancen im Wettbewerb zu schaffen, ist Ziel des § 8 IBA.

Die Beschränkung der nonbanking activities der Auslandsbanken gehörte während des Gesetzgebungsverfahrens zu den am heftigsten umstrittenen Bestimmungen[159]. Grund hierfür war das vom Gesetzgeber eingeschlagene Verfahren zur Erreichung seines Ziels: Ausländische Banken mit einer branch oder agency in den USA wurden in § 8 IBA zu Bank Holding Companies erklärt, mit der Folge, daß sie allen Beteiligungsschranken und -verboten der Bank Holding Company Acts 1956 und 1970 in gleichem Maß wie die amerikanischen Banken unterworfen wurden. Damit war zwar der Glass-Steagall-Problematik, d. h. der Trennung zwischen commercial banking und investment banking, Rechnung getragen; die getroffene Regelung hatte jedoch zunächst nicht bedachte Konsequenzen, die weit über das eigentliche Ziel des Gesetzgebers hin-

---

158) Regulation D § 204.8 (e).
159) Dazu: *Gruson, Abrell,* Beschränkungen der nicht bankgeschäftlichen Aktivitäten ausländischer Banken in den Vereinigten Staaten, 1980 RIW, 458.

ausgingen. Durch die Gleichstellung der in den USA durch branches und agencies vertretenen Auslandsbanken mit Bank Holding Companies wurden Geschäftsbanken generell beim Besitz und Erwerb von Beteiligungen an Gesellschaften im Nicht-Banken-Bereich Schranken unterworfen, und zwar auch dann, wenn die Beteiligung an Industrie- und Handelsunternehmen außerhalb der USA gehalten wurden. Die Folge wäre gewesen, daß Auslandsbanken sich entweder weltweit von ihren Beteiligungen hätten trennen müssen oder aber ihre branches und agencies in den USA hätten aufgeben müssen. Eine Lösung dieser für beide Seiten unbefriedigenden Lage wurde schließlich darin gefunden, daß einmal für die bereits in den USA vertretenen Auslandsbanken hinsichtlich deren Beteiligungen an Industrie- und Handelsunternehmen Besitzstandsgarantien in das Gesetz aufgenommen wurden, zum anderen dadurch, daß ein Katalog von Ausnahmebestimmungen zu dem Beteiligungsverbot des Bank Holding Company Act normiert wurde, der die exterritoriale Wirkung des International Banking Act eindämmt.

Die Ausnahmebestimmungen der Regulation K eröffnen auf der einen Seite zwar für Auslandsbanken einen erweiterten Tätigkeitsbereich über Beteiligungsgesellschaften in den USA; aus der Sicht der Beteiligungsgesellschaften selbst gesehen, statuieren sie jedoch nicht unerhebliche Schranken für deren wirtschaftliche Expansion. Ein solches Unternehmen kann aufgrund der Regulation K gezwungen sein, Marktchancen ungenutzt zu lassen, um zu verhindern, daß bei der vorzunehmenden Konsolidierung die Erträge und der Reingewinn aus bankfremden Geschäften diejenigen aus Bankgeschäften übersteigen. Die Möglichkeit einer Ausnahmegenehmigung nach § 4 (c) (9) BHCA kann nur in Einzelfällen einen Ausweg aus dieser Konsequenz eröffnen.

a) Die gesetzliche Regelung

Die gesetzliche Regelung der nonbanking activities ausländischer Geschäftsbanken ist in § 8 IBA enthalten, wobei jedoch auch hier der International Banking Act sich auf Grundzüge beschränkt und die Regelung der Einzelheiten dem Verordnungsgeber überläßt. Die vom Federal Reserve Board zu § 8 IBA erlassene Rechtsverordnung ist als § 211.23 der Regulation K angefügt worden und am 3. Januar 1981 in Kraft getreten.

b) Der Anwendungsbereich

§ 8 IBA bestimmt in seinem Absatz (a), welche in den USA das Bankgeschäft betreibenden ausländischen Gesellschaften als Bank Holding

Companies gelten und damit den Beschränkungen des Bank Holding Company Act im Bereich der bankfremden Tätigkeiten unterfallen. Erfaßt werden die Fälle, in denen eine Auslandsbank entweder selbst eigene Zweigniederlassungen in den USA unterhält oder in denen eine Auslandsbank oder sonstige Gesellschaft über eine Beteiligungsgesellschaft das Bankgeschäft in den USA betreibt. Im einzelnen gelten danach als Bank Holding Company

(1) jede Auslandsbank, die in den USA eine branch oder agency unterhält;

(2) jede ausländische Geschäftsbank oder sonstige Gesellschaft, die eine ausländische Bank beherrscht, die ihrerseits eine nach amerikanischem Recht gegründete commercial lending company kontrolliert;

(3) jede Gesellschaft, die eine ausländische Bank oder Gesellschaft der in Ziffer 1) oder 2) genannten Art als Tochtergesellschaft hat.

Der im Gesetz verwendete Begriff „Tochtergesellschaft" wird durch Regulation K definiert. Als Tochtergesellschaft ist danach jede Gesellschaft anzusehen, an der eine ausländische Bank im Sinne des § 1 (b) (7) IBA direkt oder indirekt mehr als 25 % der stimmberechtigten Anteile hält oder diese in sonstiger Weise kontrolliert.

c) Die Beschränkung nichtbankgeschäftlicher Tätigkeiten

Unmittelbare Folge der Gleichstellung der von § 8 (a) IBA erfaßten Gesellschaften mit amerikanischen Bank Holding Companies ist, daß die in § 4 (a) BHCA 1956 statuierten Beschränkungen der geschäftlichen Betätigung im Nicht-Banken-Bereich auf die Auslandsbanken bzw. auf die sie beherrschenden Gesellschaften anwendbar werden. Verboten ist es danach den von § 8 (a) IBA erfaßten Gesellschaften, andere Geschäfte als Bankgeschäfte zu betreiben, direkt oder indirekt stimmberechtigte Anteile an einer Gesellschaft, die keine Bank ist, oder die Kontrolle über solche Anteile zu erwerben sowie bereits früher erworbene Anteile (oder die Kontrolle über diese) an einer solchen Gesellschaft beizubehalten.

Das durch § 4 (a) BHCA statuierte generelle Verbot der Beteiligung im Nicht-Banken-Bereich ist durch Ausnahmen durchbrochen, die teils für alle Bank Holding Companies, teils nur für ausländische Gesellschaften gelten.

d) Generelle Ausnahmen von dem Verbot des § 4 (a) BHCA

Die von dem Verbot der Betätigungen von Geschäftsbanken im Nicht-Banken-Bereich generell ausgenommenen Tätigkeiten sind in § 4 (c)

BHCA normiert. Zu unterscheiden ist dabei zwischen solchen Aktivitäten, die ohne weiteres erlaubt sind, und solchen, die nur mit vorheriger Erlaubnis der Reserve Bank bzw. des Federal Reserve Board ausgeübt werden können.

aa) Erlaubnisfreie Tätigkeiten

Erlaubnisfrei sind alle in § 4 (c) (1-7) BHCA bezeichneten nicht-bankgeschäftlichen Tätigkeiten. Zu nennen ist hier etwa neben dem Erwerb von Anteilen an bank service companies und bestimmten Fällen der Haltung von Anteilen in treuhändischer Funktion vor allem die Ausnahmebestimmung des § 4 (c) (6) BHCA: Danach darf eine Bank Holding Company an jeder anderen Gesellschaft des Nicht-Banken-Sektors Anteile von nicht mehr als 5 % deren stimmberechtigter Anteile erwerben und innehaben. Eine derart geringe Beteiligung an Gesellschaften im bankfremden Geschäftsbereich ist unter dem Gesichtspunkt der Kontrolle unerheblich und trägt dem Bedürfnis der Bank Holding Companies Rechnung, überschüssige Mittel anzulegen und ihren Wertpapierbesitz zu streuen[160].

bb) Erlaubnispflichtige Tätigkeiten

Die nur mit Erlaubnis ausübbaren Betätigungen der Bank Holding Companies im Nicht-Banken-Bereich sind in § 4 (c) (8) sowie der dazu ergangenen Regulation Y des Federal Reserve Board [161] aufgezählt. Es handelt sich hierbei um Tätigkeiten, die mit Bankgeschäften oder der Verwaltung von Banken eng verwandt sind, oder um den Erwerb von Anteilen an im banknahen Bereich tätigen Gesellschaften. Hierzu gehören[162]:
– Tätigkeit als Hypothekeninstitut sowie als Gesellschaft im Finanzierungs-, Factoring- oder Leasinggeschäft,
– die Ausübung gewisser treuhänderischer Tätigkeiten,
– Anlageberatung,
– bestimmte Arten des Leasing, der Buchführung und Versicherung,
– interne Kurierdienste und Verwaltungsberatung für Banken,
– Verkauf von Zahlungsanweisungen und Reiseschecks.
Hinsichtlich des Verfahrens zur Erteilung der Erlaubnis zur Betätigung im banknahen Bereich ist zu unterscheiden, ob die Bank Holding

---

160) *Gruson, Abrell,* 1980 RIW, 461.
161) 12 C.F.R. § 225.4 (a).
162) 12 C.F.R. § 225.4 (a); *Gruson, Abrell,* 1980 RIW, 462.

Company diese Tätigkeit selbst erst aufnehmen will („de novo entry")
oder Anteile an einer anderen, in diesem Bereich tätigen Gesellschaft
erwerben will („acquisition of going concern"). Im ersten Fall bedarf es
der Anzeige an die jeweilige Reserve Bank, die die Erlaubnis erteilen
bzw. versagen kann[163.] Wird die Erlaubnis nicht innerhalb von 45 Tagen
nach der Anzeige versagt, gilt sie als erteilt. Anders ist es bei dem Erwerb
von Anteilen an einer im banknahen Bereich tätigen Gesellschaft[164].
Hier ist ein Antragsverfahren beim Federal Reserve Board zu durch-
laufen, bei dem eine stillschweigende Erlaubnis nicht möglich ist.

Die Entscheidung über den Antrag steht im Ermessen des Federal
Reserve Board. Dieser hat die aus dem beabsichtigten Beteiligungserwerb für die Öffentlichkeit entstehenden Vorteile wie etwa besseres
Dienstleistungsangebot oder verbesserter Wettbewerb gegenüber den
daraus möglicherweise entstehenden Nachteilen − Konzentration von
Mitteln, Interessenkonflikte oder ungesunde Bankpraktiken − abzu-
wägen.

e) Sonderbestimmungen für ausländische Bank Holding Companies

Den von § 8 (a) IBA erfaßten Gesellschaften ist in weiterem Umfang
als den amerikanischen Bank Holding Companies das Engagement im
nichtbankgeschäftlichen Sektor erlaubt. Zu den für alle Bank Holding
Companies geltenden Ausnahmebestimmungen des § 4 (c) (1-7) BHCA
treten für die ausländischen Gesellschaften die Besitzstandsgarantien
des § 8 Absätze b und c IBA, die ausländischen Banken die Beibehaltung
des bei Inkrafttreten des International Banking Act bestehenden Beteili-
gungsbesitzes an bankfremden Gesellschaften garantieren, sowie Sonderbestimmungen des § 2 (h) und des § 4 (c) (9) BHCA.

Die Einräumung von Sonderrechten an die von § 8 (a) IBA erfaßten
Gesellschaften ist mit dem Prinzip des national treatment, das dem International Banking Act zugrunde liegt, nicht zu vereinbaren. Die Notwendigkeit hierzu ergab sich aus der Gefahr, daß die Beteiligungsverbote
sowie die korrespondierenden Entflechtungsgebote des Bank Holding
Company Act ausländisches Wirtschaftsengagement in den USA abge-
schreckt hätte[165].

163) Regulation Y § 225.4 (b) (1).
164) Regulation Y § 225.4 (b) (2).
165) The International Banking Act of 1978, A report by the Board of Governors of the
Federal Reserve System, S. 22.

aa) Die Besitzstandsgarantien des § 8 (b) und (c) IBA

Der International Banking Act enthält für die von seinem § 8 (a) erfaßten Gesellschaften, die sich bereits vor oder bei Inkrafttreten des Gesetzes im nichtbankgeschäftlichen Bereich in den USA betätigt haben, Besitzstandgarantien (sog. grandfathering). Die gesetzliche Regelung ist abgestuft und knüpft an den Zeitpunkt an, zu dem die Tätigkeit im bankfremden Bereich aufgenommen worden ist.

Nach § 8 (b) IBA dürfen alle von § 8 (a) IBA erfaßten Gesellschaften, die sich zum Zeitpunkt des Inkrafttretens des International Banking Act (17. September 1978) im Nicht-Banken-Bereich bereits betätigt haben oder die Anteile an einer Gesellschaft mit bankfremder Tätigkeit hielten oder kontrollierten, diese Tätigkeiten bis zum 31. Dezember 1985 fortführen.

Über den 31. Dezember 1985 hinaus dürfen nach § 8 (c) IBA diese Gesellschaften ihr Engagement im bankfremden Bereich nur dann weiterführen, wenn sie entweder dieses bereits am 26. Juli 1978 ausgeübt haben oder, im Falle der Beteiligung an Gesellschaften aus dem Nicht-Banken-Bereich, wenn zumindest der schriftliche Kaufvertrag über die Anteile an einer derartigen Gesellschaft am 26. Juli 1978 bereits abgeschlossen war. Ferner fallen unter die Besitzstandsgarantie des § 8 (c) IBA alle genehmigungspflichtigen bankfremden Tätigkeiten, soweit der Genehmigungsantrag spätestens am 26. Juli 1978 gestellt worden war.

Erfüllt eine von § 8 (a) IBA erfaßte Gesellschaft die Voraussetzungen des § 8 (c) IBA, so kann sie ihre Betätigung im bankfremden Bereich zeitlich unbegrenzt weiterführen. Die Besitzstandsgarantie erstreckt sich dabei auf alle bankfremden Aktivitäten, insbesondere also auch auf eventuelle Betätigungen im Wertpapiergeschäft. Ungeklärt bleibt in diesem Zusammenhang jedoch die wichtige Frage, in welchem Umfang die Besitzstandsklausel die Tätigkeit der Auslandsbank im bankfremden Bereich schützt[166]. Die engste Lösung wäre, daß das Engagement im bankfremden Geschäftsbereich auf den Umfang eingefroren wird, den es am 26. Juli 1978 als dem Stichtag der grandfathering-clause hatte. Nach dem entgegengesetzten Standpunkt wird durch die Besitzstandsgarantie der gesamte bankfremde Geschäftszweig erfaßt, so daß auch die Ausweitung der Tätigkeit in dem entsprechenden Geschäftsbereich möglich wäre. Da nicht nur die eigene unmittelbare Betätigung im bankfremden Bereich, sondern auch die Beteiligungen an Gesellschaften des nichtbankgeschäftlichen Sektors durch § 8 (c) IBA geschützt sind, könnte

---

166) Zum Nachfolgenden: *Gruson, Abrell,* 1980 RIW, 460.

danach eine Auslandsbank ihren Anteilsbesitz an solchen Gesellschaften ausweiten, an denen sie bereits am 26. Juli 1978 beteiligt war. Für diese Lösung spricht die Entscheidung des United States Court of Appeal in Patagonia v. Board of Governors, die zu einer ähnlich gelagerten grandfathering-Problematik bei der Änderung des Bank Holding Company Act 1956 durch die Gesetzesänderung von 1970 ergangen ist[167]. Bei Erlaß des International Banking Act und der Regulation K wurde es leider versäumt, diesen Streitpunkt eindeutig klarzustellen.

§ 8 (c) IBA ermächtigt den Federal Reserve Board, Tätigkeiten und Beteiligungen im bankfremden Bereich, die unter die Besitzstandsgarantie fallen, zu untersagen, wenn dies zur Vermeidung unerwünschter Konzentration von Mitteln, Wettbewerbsbeschränkungen oder der Ausprägung ungesunder Bankpraktiken erforderlich ist.

bb) Die Ausnahmebestimmungen des Bank Holding Company Act

Von besonderer Bedeutung für Auslandsbanken und Gesellschaften, die in den USA das Bankgeschäft betreiben, sind die in § 2 (h) und § 4 (c) (9) BHCA enthaltenen Befreiungen von dem Verbot des § 4 (a) BHCA. Diese Ausnahmebestimmungen gelten nur für ausländische, nicht für amerikanische Gesellschaften. Soweit eine solche Gesellschaft nicht in den Genuß der Besitzstandsgarantie des § 8 (c) IBA kommt oder in dem engen Bereich der in § 4 (c) (1-7) BHCA bestimmten generell erlaubten Tätigkeitsarten engagiert ist, stellen die genannten Ausnahmebestimmungen das einzige Tor dar, durch das ausländischen Gesellschaften in gewissem Umfang eine Betätigung im bankfremden Bereich eröffnet wird.

Die Bestimmungen der im nachfolgenden behandelten § 2 (h) BHCA und § 4 (c) (9) BHCA unterscheiden sich wie folgt: § 2 (h) BHCA erlaubt es einer ausländischen Bank Holding Company nicht, selbst in den USA im bankfremden Sektor tätig zu werden; eine solche Tätigkeit kann sie nur über eine Beteiligungsgesellschaft mittelbar ausüben. Nach § 4 (c) (9) BHCA kann demgegenüber der ausländischen Gesellschaft auch die eigene, unmittelbare Betätigung im nichtbankgeschäftlichen Bereich erlaubt werden[168].

---

167) § 17 Federal Reporter 2d., 803.
168) Federal Reserve Board Explanations zu dem Entwurf der Rechtsverordnung zu den nonbanking activities vom 1. Mai 1980, FBLR Nr. 98.425.

(1) Die Ausnahmen nach § 2 (h) BHCA

Die komplizierte Regelung des § 2 (h) BHCA wird eher verständlich, wenn man sich die beiden Prinzipien vergegenwärtigt, die dieser Bestimmung zugrunde liegen. Es soll einmal sichergestellt werden, daß ausländische Banken sich nicht selbst unmittelbar in den USA im bankfremden Bereich betätigen, sondern daß ein solches Engagement nur über Beteiligungsgesellschaften erfolgt. Zum anderen: Zweck des § 2 (h) BHCA ist nicht eine generelle Durchbrechung der Beteiligungsverbote des § 4 (a) BHCA, sondern nur die Einschränkung der exterritorialen Wirkungen dieser Bestimmung[169]. Aus diesem Grund werden die Ausnahmen des § 2 (h) BHCA auf solche Gesellschaften beschränkt, die überwiegend im Ausland tätig sind. Vor diesem Hintergrund sieht § 2 (h) BHCA folgende Regelung vor:

– Ausländische Bank Holding Companies, die vorwiegend im Bankgeschäft außerhalb der USA tätig sind, dürfen sich unbeschadet des Verbots des § 4 (a) BHCA an anderen Gesellschaften beteiligen, die nach dem Recht eines ausländischen Staates errichtet worden sind und ihre Geschäfte vorwiegend außerhalb der USA führen (sog. Beteiligungsgesellschaften).

– Beteiligungsgesellschaften dieser Art dürfen ihrerseits Anteile an einer weiteren Gesellschaft halten, die entweder im gleichen allgemeinen Geschäftsbereich wie die Beteiligungsgesellschaft oder in einem verwandten Bereich tätig ist (sog. Unter-Beteiligungsgesellschaft).

Die Regelung des § 2 (h) BHCA hatte wegen ihrer allzu knappen Bestimmungen in der Vergangenheit Anlaß zu Zweifeln hinsichtlich der richtigen Auslegung gegeben. So war vor allem unklar, wann eine Bank Holding Company „vorwiegend im Bankgeschäft außerhalb der USA" tätig war, und welche bankfremden Tätigkeiten der Bank Holding Company über ihre Beteiligungsgesellschaft im einzelnen in den USA eröffnet waren. Weitgehende Klarstellung hat hier die vom Federal Reserve Act zur Interpretation des § 2 (h) BHCA am 3. Januar 1981 erlassene Rechtsverordnung gebracht, die der Regulation K angefügt wurde.

aaa) Voraussetzungen hinsichtlich der ausländischen Bank Holding Companies

Das Erfordernis des § 2 (h) BHCA, wonach eine ausländische Bank Holding Company nur dann die Ausnahmebestimmung in Anspruch

---

169) Federal Reserve Board Explanations zur Änderung der Regulation K vom 28. November 1980, FBLR Nr. 98.491.

nehmen kann, wenn sie überwiegend im Bankgeschäft im Ausland tätig ist, wird durch § 211.23 (b) Regulation K präzisiert. Die Regulation K verwendet in diesem Zusammenhang den Begriff der ausländischen „banking organization". Zu verstehen ist darunter jede Auslandsbank im Sinne des § 1 (b) (7) IBA, die in den USA eine branch, agency oder commercial lending company unterhält oder eine Bank in den USA kontrolliert, sowie jede Gesellschaft, die eine solche Auslandsbank als Tochtergesellschaft hat. Im Ergebnis gilt damit jede von § 8 (a) IBA erfaßte Gesellschaft als banking organization.

Erfüllt sind die von Regulation K geforderten Voraussetzungen dann, wenn mehr als die Hälfte der weltweiten Tätigkeit der ausländischen banking organization bankgeschäftlicher Art ist und wenn außerdem mehr als die Hälfte dieser Bankgeschäfte außerhalb der USA getätigt wird.

Was dem bankgeschäftlichen Bereich zuzurechnen ist, wird durch Verweis auf § 211.5 (d) des Teils A der Regulation K klargestellt. Der dort enthaltene Katalog zählt 14 typischerweise zum Bankgeschäft gehörenden Tätigkeitsarten auf:

Zu nennen sind beispielsweise: Finanzierungsgeschäfte (einschließlich des commercial und consumer financing, mortgage banking, factoring); leasing, soweit es Kreditierungsfunktionen übernimmt; bestimmte Tätigkeiten zur Unterstützung und Förderung anderer Bankgeschäfte wie beispielsweise etwa der Verkauf langfristiger Verbindlichkeiten; Beratungstätigkeiten; der Verkauf von Wertpapieren außerhalb der USA innerhalb bestimmter Schranken sowie alle Tätigkeiten, die der Federal Reserve Board als mit dem Bankgeschäft eng verwandte Tätigkeiten nach § 4 (c) (8) BHCA durch Rechtsverordnung eingestuft hat.

Das Erfordernis der Regulation K, daß die Hälfte dieser Bankgeschäfte im Ausland getätigt werden muß, wird anhand folgender drei Indikatoren beurteilt, wobei mindestens zwei erfüllt sein müssen:

– Die Summe der außerhalb der USA gehaltenen bankgeschäftlichen Aktiva der Bank (banking assets) muß die Summe der weltweiten Aktiva des nichtbankgeschäftlichen Bereichs übersteigen.

– Die Erträge (revenues) aus Bankgeschäften, die außerhalb der USA getätigt werden, müssen die gesamten Erträge aus der weltweiten Tätigkeit nichtbankgeschäftlicher Art übersteigen.

– Der Reingewinn aus Bankgeschäften, die außerhalb der USA getätigt werden, muß den Reingewinn aus der weltweiten Tätigkeit nichtbankgeschäftlicher Art übersteigen.

Außer Ansatz bleiben bei diesen drei Indikatoren alle Aktiva, Erträge und Reingewinne aus Bankniederlassungen in den USA.

Zusätzlich zu diesen Voraussetzungen müssen mindestens zwei der folgenden weiteren drei Erfordernisse erfüllt sein:

– Die außerhalb der USA gehaltenen bankgeschäftlichen Aktiva der Bank müssen die in den USA gehaltenen Aktiva der Bank übersteigen.

– Die Erträge (revenues) aus Bankgeschäften, die außerhalb der USA getätigt werden, müssen die Erträge aus Bankgeschäften, die innerhalb der USA getätigt werden, übersteigen.

– Der Reingewinn aus Bankgeschäften, die außerhalb der USA getätigt werden, muß den Reingewinn aus Bankgeschäften, die innerhalb der USA getätigt werden, übersteigen.

Die Aktiva, die Erträge sowie der Reingewinn werden auf konsolidierter Basis oder „combined basis" berechnet, wobei die in den USA anerkannten Grundsätze der Buchhaltung gelten. Ein Problem stellt sich hierbei bei der Frage, unter welchen Voraussetzungen die Aktiva, die Erträge und der Reingewinn solcher Gesellschaften mit einzubeziehen sind, an denen die Auslandsbank Beteiligungen hält. Eine Konsolidierung hat nach den amerikanischen Buchhaltungsgrundsätzen erst zu erfolgen, wenn eine Gesellschaft mehr als 50 % der Anteile an einer anderen Gesellschaft hält. Dem steht gegenüber, daß der Bank Holding Company Act ein Beherrschungsverhältnis bereits dann annimmt, wenn lediglich 25 % der Anteile an einer anderen Gesellschaft gehalten werden. Der Federal Reserve Board hat sich in seiner Regulation K nicht für eine der beiden Prozentzahlen entschieden, sondern den betroffenen ausländischen banking organizations freigestellt, ob sie bereits bei einem Beteiligungsverhältnis von 25 % oder erst ab mehr als 50 % konsolidieren wollen.

Die getroffene Regelung mag aus der Sicht der Auslandsbanken vor dem Hintergrund der viel restriktiveren Ansätze früherer Gesetzesentwürfe noch eine annehmbare Kompromißlösung darstellen. Für Unternehmen des Nichtbankenbereichs, an denen eine Auslandsbank Beteiligungen hält und die ihre Geschäftätigkeit auf den amerikanischen Markt erstrecken wollen, kann § 8 International Banking Act jedoch einschneidende Beschränkungen bedeuten. Fällt der Tätigkeitsbereich des Unternehmens nicht in eine der normierten Ausnahmetatbestände, bedarf das wirtschaftliche Engagement in den USA der vorherigen Erlaubnis des Federal Reserve Board. Die nachfolgenden Ausführungen sind daher zugleich unter diesem häufig vernachlässigten Aspekt zu sehen.

bbb) Arten der erlaubten nichtbankgeschäftlichen Tätigkeiten

Erfüllt eine banking organization die Ausnahmevoraussetzungen des § 2 (h) BHCA, so stehen ihr alle in § 211.23 (f) Regulation K genannten

Betätigungsarten im nichtbankgeschäftlichen Bereich offen. Sie kann danach unbeschränkt außerhalb der USA selbst jede beliebige bankfremde Tätigkeit ausüben sowie Beteiligungen an Gesellschaften des bankfremden Geschäftsbereichs halten, wenn die Beteiligungsgesellschaft entweder keine Geschäfte in den USA ausübt oder sich auf solche Tätigkeiten in den USA beschränkt, die „incidental" zu dem internationalen oder ausländischen Geschäft der Bank sind. Wann eine Tätigkeit „incidental" ist, sich also gelegentlich der Ausübung der Bankgeschäfte ergibt, ist nicht definiert. Der Federal Reserve Board stellt hier darauf ab, ob die bankfremde Tätigkeit „significant" ist oder nicht, wobei es jedoch auch für dieses Kriterium keine präzisierenden Richtlinien gibt. Unschädlich wird es sein, wenn etwa der Repräsentant der Auslandsbank oder Beteiligungsgesellschaft bei Verhandlungen über bankfremde Geschäfte lediglich anwesend ist, während auf der anderen Seite wohl das zielgerichtete Akquirieren für den bankfremden Geschäftsbereich als „significant" und damit als nicht mehr „incidental" zum Bankgeschäft gilt. In letzterem Fall bedarf es dann einer Genehmigung des Federal Reserve Board. Zulässig ist ferner unter den Voraussetzungen des § 4 (c) (4) BHCA die treuhänderische Haltung von Anteilen an Gesellschaften jedes beliebigen Geschäftsbereichs.

Möchte sich die banking organization über eine Beteiligungsgesellschaft im bankfremden Geschäftsbereich in den USA betätigen, so gelten folgende einschränkende Bestimmungen[170]: Mehr als 50 % der konsolidierten Aktiva der Beteiligungsgesellschaft müssen außerhalb der USA belegen sein und mehr als 50 % der konsolidierten Erträge der Beteiligungsgesellschaft müssen aus Geschäftstätigkeiten außerhalb der USA herrühren. Ausdrücklich klargestellt wird außerdem, daß die Beteiligungsgesellschaft sich in den USA im Effekten- und Wertpapiergeschäft nur in dem Maß engagieren darf, wie dies einer amerikanischen Bank Holding Company erlaubt ist; ein Beteiligungserwerb an security companies ist daher auf höchstens 5 % begrenzt.

Sonderbestimmungen gelten, wenn die Beteiligungsgesellschaft, durch die in den USA Geschäfte getätigt werden sollen, eine Tochtergesellschaft der Auslandsbank ist[171]:
– Die Beteiligungsgesellschaft darf in den USA nur solche Geschäfte tätigen, die entweder in demselben Geschäftsbereich liegen, in dem sie auch im Ausland tätig ist, oder die doch damit im Zusammenhang stehen. Zur Bestimmung, wann eine Gesellschaft sich in den USA selbst oder durch eine Unter-Beteiligungsgesellschaft noch im selben Ge-

---

170) Regulation K § 211.23 (f) (5, I-II).
171) Regulation K § 211.23 (f) (5, III).

schäftsbereich wie im Ausland bewegt, ist auf den Katalog der Standard Industrial Classification zurückzugreifen. In diesem, von der Bundesverwaltung herausgegebenen Handbuch werden alle Wirtschaftsbereiche aufgezählt und in elf Abteilungen aufgeteilt, die jeweils mit einem Buchstaben gekennzeichnet sind. Jede dieser Abteilungen wird in Hauptgruppen untergliedert, die mit zweistelligen Kennziffern versehen sind. Die Hauptgruppen werden wiederum in mit dreistelligen Kennziffern versehene Untergruppen unterteilt, die ihrerseits nochmals in mit vierstelligen Nummern versehene Gruppen untergliedert sind. Es sind diese mit vierstelligen Kennziffern versehenen Gruppen, die den „allgemeinen Geschäftsbereich" im Sinne des § 2 (h) BHCA bezeichnen.

– Soll die Tätigkeit der ausländischen Beteiligungsgesellschaft in den USA im Bankbereich, Finanzbereich oder den aufgrund des § 4 (c) (8) BHCA erlaubten Bereichen liegen, so bedarf es der vorherigen Erlaubnis des Federal Reserve Board. Zur Bestimmung dessen, was als Tätigkeit im Bank- oder Finanzbereich anzusehen ist, wird dabei wieder auf die Standard Industrial Classification zurückgegriffen, und zwar auf die Abteilung H (Finance, Insurance and Real Estate). Die dort enthaltenen, mit vierstelligen Kennziffern bezeichneten Tätigkeiten sind – mit Ausnahme bestimmter Arten der Hausverwaltung – erlaubnisfähig.

ccc) Wegfall der Ausnahmevoraussetzungen

Die Ausnahmevoraussetzungen des § 2 (h) BHCA für eine geschäftliche Betätigung im bankfremden Bereich müssen ständig vorliegen. Ob dies der Fall ist, wird vom Federal Reserve Board anhand der jährlich abzugebenden Berichte über die Geschäftslage kontrolliert. Verändert sich der Geschäftsbetrieb der banking organization so, daß über zwei zusammenhängende Jahre hinweg nicht mehr über 50 % ihres konsolidierten Vermögens im Ausland belegen ist und ihr nicht mehr über 50 % der konsolidierten Einnahmen im Ausland erwachsen, gelten folgende Bestimmungen[172]: Die banking organization darf das geschäftliche Engagement im bankfremden Bereich, das sie noch vor Ablauf des ersten Jahres, in dem die Ausnahmevoraussetzungen entfallen sind, weiter beibehalten. Alle danach neu aufgenommenen Tätigkeiten nichtbankgeschäftlicher Art (oder alle Beteiligungen an Gesellschaften dieses Geschäftsbereichs) sind innerhalb von drei Monaten nach Abgabe des

---

172) Regulation K § 211.23 (d).

Berichts für das zweite Jahr, in dem die Ausnahmevoraussetzungen entfallen sind, einzustellen. Sind die Ausnahmevoraussetzungen weggefallen oder droht deren Wegfall, bleibt der banking organization jedoch die Möglichkeit, die nachfolgend beschriebene Ausnahmegenehmigung nach § 4 (c) (9) BHCA zu beantragen.

(2) Die Ausnahmen nach § 4 (c) (9) BHCA

Während § 2 (h) BHCA einen Katalog zulässiger Tätigkeitsbereiche im bankfremden Sektor normiert, ist § 4 (c) (9) BHCA eine Ermessensbestimmung, die es dem Federal Reserve Board ermöglicht, weitere Ausnahmen von dem Verbot des § 4 (a) BHCA zuzulassen. Nach § 4 (c) (9) BHCA erstreckt sich das Verbot des § 4 (a) BHCA nicht „ auf Beteiligungen und Geschäftätigkeiten einer nach dem Recht eines ausländischen Staates gegründeten Gesellschaft, die den größten Teil ihrer Geschäfte außerhalb der USA tätigt, wenn der Federal Reserve Board durch Verordnung oder Verwaltungsakt feststellt, daß nach den Umständen und unter Beachtung der in der Verordnung oder dem Verwaltungsakt gemachten Auflagen die Ausnahme (von dem Verbot des § 4 (a) BHCA) nicht grundsätzlich mit dem Zweck des Gesetzes unvereinbar ist und im öffentlichen Interesse liegt". Die Fälle in denen nach dieser Bestimmung weitere Ausnahmen von dem Verbot des § 4 (a) BHCA möglich sind, sind in der Regulation K geregelt; die früher in § 225.4 (g) Regulation Y enthaltene Konkretisierung des § 4 (c) (9) BHCA ist am 3. Januar 1981 aufgehoben und durch einen Verweis auf die Regulation K ersetzt worden.

Aus diesem Verweis ergibt sich, daß einer ausländischen banking organization eine Ausnahme nach § 4 (c) (9) BHCA nur unter den gleichen Voraussetzungen, wie nach § 2 (h) BHCA gewährt werden kann; es gilt also auch hier das Erfordernis der überwiegenden Betätigung im Bankgeschäft außerhalb der USA. Diese Voraussetzung des § 4 (c) (9) BHCA ergibt sich nicht unmittelbar aus dem Wortlaut der Norm. Sie wird daraus hergeleitet, daß § 4 (c) (9) BHCA die gleichen Ziele verfolgt wie § 2 (h) BHCA und daher hinsichtlich der Voraussetzungen gleich ausgelegt werden müsse[173].

Eine Ausnahmeerlaubnis nach § 4 (c) (9) BHCA kann dann erteilt werden, wenn eine ausländische banking organization entweder von vornherein das Erfordernis der überwiegenden bankgeschäftlichen Tätigkeit außerhalb der USA nicht erfüllt oder wenn sich die Geschäftstätig-

---

173) Federal Reserve Board Explanations zur Änderung der Regulation K, FBLR Nr. 98.491.

keit der banking organization so verändert hat, daß die zunächst gegebenen Ausnahmevoraussetzungen des § 2 (h) BHCA später für mindestens zwei zusammenhängende Jahre nicht mehr erfüllt werden[174]. Die Erteilung einer Ausnahmeerlaubnis in diesen Fällen erfolgt nach ausführlicher Prüfung der Entwicklung des antragstellenden Instituts, dessen Finanzmittel und Management, des Umfangs der in den USA getätigten Geschäfte, der Art, des Umfangs und der örtlichen Belegenheit dessen nicht bankgeschäftlicher Tätigkeiten sowie der Frage, ob es aufgrund der Erlaubnis der beantragten bankfremden Tätigkeit zu einer unangemessenen Konzentration von Mitteln, Wettbewerbsbeeinträchtigungen, Interessenkonflikten oder zur Ausprägung ungesunder Bankpraktiken kommen werde.

Ein Antrag auf Ausnahmeerlaubnis nach § 4 (c) (9) BHCA ist über die Reserve Bank, in deren Bereich die Geschäftstätigkeit ausgeübt werden soll, an den Federal Reserve Board zu stellen.

f) Berichtspflichten

Eine ausländische banking organization hat dem Federal Reserve Board regelmäßig über die Art und den Umfang ihres Engagements im nicht bankgeschäftlichen Geschäftsbereich in den USA Bericht zu geben[175]. Der Bericht muß innerhalb von 30 Tagen nach Ablauf eines jeden Kalendervierteljahres der entsprechenden Reserve Bank eingereicht werden und alle unmittelbaren, eigenen Tätigkeiten im bankfremden Bereich sowie alle Beteiligungen an in diesem Sektor in den USA tätigen Gesellschaften enthalten. Bei der Bezeichnung der bankfremden Betätigungsarten sind die vierstelligen Kennziffern der Standard Industrial classification anzugeben.

10) Änderungen des Berichtswesens durch den Federal Reserve Board

Auslandsbanken, die in den USA Geschäfte tätigen, unterliegen gegenüber dem Comptroller of the Currency, der FDIC und dem Federal Reserve Board Berichtspflichten hinsichtlich der Art und des Umfanges ihrer Geschäftstätigkeit im Bankbereich als auch im nichtbankgeschäftlichen Bereich. Die zu erteilenden Auskünfte dienen in erster Linie

---

174) Regulation K § 211.23 (e).
175) Regulation K § 211.23 (h).

Zwecken der Bankenaufsicht, daneben aber auch der Struktur- und Entwicklungsanalyse im Bankwesen.

Eine Darstellung sämtlicher Berichtspflichten kann an dieser Stelle nicht gegeben werden; die nachfolgenden Ausführungen beschränken sich auf einige vom Federal Reserve Board vorgenommene Änderungen des Berichtswesens hinsichtlich der Auslandsbanken, die in den USA durch branches oder agencies im Bankgeschäft tätig sind.

Durch Verordnung des Federal Reserve Board vom 9. Februar 1981 ist das Berichtswesen hinsichtlich der Auslandsbanken neu gestaltet worden. Erforderlich geworden waren die Neuerungen, um die Einhaltung der aus dem International Banking Act und dem danach auch auf die Auslandsbanken anwendbaren Bank Holding Company Act neu entstandenen Pflichten der Auslandsbanken überwachen zu können. Die jetzt von den ausländischen Instituten zu erteilenden Auskünfte entsprechen gemäß dem Prinzip des national treatment ihrer Art und ihrem Umfang nach den Informationen, die amerikanische Banken dem Federal Reserve Board zur Verfügung zu stellen haben. In bestimmten Punkten sind jedoch für die Auslandsbanken in Anerkennung deren besonderer Situation vom amerikanischen Berichtswesen abweichende Regelungen getroffen worden. So sind etwa die im Nachfolgenden genannten Berichte nicht nach den amerikanischen Grundsätzen der Rechnungslegung, sondern nach den im Sitzland der Auslandsbank geltenden Bestimmungen abzufassen. Eine bedeutende und von den ausländischen Instituten schon lange geforderte Sonderregelung betrifft die Geheimhaltung bestimmter zu erteilender Auskünfte. Die Auslandsbanken hatten sich bisher bei der Auskunftserteilung nach amerikanischen Rechnungslegungsgrundsätzen in den Fällen in einem nur schwer zu lösenden Konflikt befunden, in denen sie auch solche Auskünfte erteilen mußten, die nach dem Recht ihres Sitzstaates Dritten nicht zugänglich gemacht werden durften oder die sie von sich aus auch ihren eigenen Bankenaufsichtsbehörden nicht ohne weiteres bekanntzugeben brauchten. Die Geheimhaltung dieser Angaben war jedoch bei der Abgabe der Berichte an den Federal Reserve Board nicht gewährleistet, da die Berichte öffentlich waren. Um die Auslandsbanken aus diesem Konflikt mit den Geheimhaltungspflichten ihres Sitzlandes zu befreien, hat der Federal Reserve Board das Berichtswesen geteilt. Abzugeben sind nunmehr zwei Berichte: Der Bericht nach dem Formblatt F.R.Y-7, der weiterhin der allgemeinen Einsichtnahme offensteht, und der Bericht nach dem neu geschaffenen Formblatt F.R.2068, der vom Federal Reserve Act vertraulich behandelt wird. Nach Rechtsansicht des Federal Reserve Board und des Direktors des „Office of Information Law and Policy of the Department of Justice" ist der Bericht in der Form

F.R.2068 auch vor Auskunftsbegehren nach dem Freedom of Information Act geschützt.

Die neuen Berichte an den Federal Reserve Board sind jährlich einmal innerhalb von vier Monaten nach Ende des Geschäftsjahres abzugeben. Erstmals betroffen von den umgestalteten Berichtspflichten sind die Banken, deren Geschäftsjahr zwischen Oktober 1980 und Februar 1981 endet[176].

a) Der Bericht nach Form F.R.Y-7

Der nach Form F.R.Y-7 abzugebende Jahresbericht ist zweiteilig[177].

aa) In Teil I sind die Auskünfte über die Geschäftslage zu machen, die die Auslandsbank in ihrem Sitzland gegenüber ihren dortigen Aufsichtsbehörden zu erteilen hat. Da diese Auskünfte entsprechend den im Sitzland der Bank geltenden Grundsätzen über das Berichtswesen abgegeben werden, muß in dem Bericht an den Federal Reserve Board eine Erläuterung dieser Grundsätze beigefügt sein.
Daneben sind im Teil I des Berichts folgende weitere Angaben zu machen: Die Organisationsstrukturen, in der die Auslandsbank ihre Geschäfte in den USA führt; die Geschäftslage der von ihr kontrollierten amerikanischen Gesellschaften im nichtbankgeschäftlichen Bereich; genaue Angaben zu den mit Stimmrecht ausgestatteten Anteilen an der Bank; eine Liste aller Anteilsinhaber, die 5 % oder mehr aller Anteile innehaben; die Höhe der Anteile, die von ihren directors und leitenden Angestellten an der Auslandsbank und an allen amerikanischen Gesellschaften gehalten werden, an denen die Auslandsbank mit mindesten 5 % Anteilsbesitz beteiligt ist.

bb) In Teil II des Berichts sind Angaben über das Engagement der Bank im nichtbankgeschäftlichen Geschäftsbereich zu machen. Diese Angaben dienen allein dem Zweck, die Einhaltung der im Bank Holding Company Act und der dazu ergangenen Regulation K enthaltenen Bestimmungen über die Betätigung im bankfremden Bereich zu kontrollieren. Anzugeben sind insbesondere: die Art der selbst oder durch Beteiligungsgesellschaften ausgeübten nonbanking activities unter Bezugnahme auf die Standard Industrial Classification, die Bezeichnung der Beteiligungsgesellschaften und die an diesen gehaltenen Anteile, soweit die mehr als 5 % übersteigen, sowie die nach § 2 (h) oder § 4 (c) (9) BHCA

---

176) Federal Reserve Board Explanations vom 9. Februar 1981, FBLR, Nr. 98.604.
177) Zum Nachfolgenden vgl. das Formblatt für den Bericht F.R.Y-7 „Foreign Banking Organizations Annual Report", FBLR, Nr. 44.053 B, sowie die Federal Reserve Board Explanations dazu (Fußnote 176).

und nach § 211.23 (b) Regulation K erforderlichen Angaben zu den Aktiva, den Erträgen und dem Reingewinn der Gesellschaft.

b) Der Bericht nach Form F.R. 2068

Die in dem Bericht nach Form F.R. 2068 zu erteilenden Auskünfte betreffen die Beteiligung der Auslandsbank an anderen ausländischen Gesellschaften, die Geschäftslage der Auslandsbanken sowie die Geschäftslage bestimmter Gesellschaften, an denen sie beteiligt ist. Der Bericht wird vertraulich behandelt, was jedoch nicht die Weitergabe von Informationen an andere amerikanische Aufsichtsbehörden ausschließt, soweit diese den Federal Reserve Board um Auskunft ersuchen[178].

Eine Auslandsbank, die in den USA das Bankgeschäft betreibt, hat dem Federal Reserve Board in dem jährlichen Bericht eine Liste all der anderen ausländischen Gesellschaften vorzulegen, an denen sie mindestens 25 % der stimmberechtigten Anteile hält oder diese kontrolliert; die Beteiligungsverhältnisse sind jeweils anzugeben[179].

Die zur Geschäftslage der Auslandsbank zu erteilenden Auskünfte sind weitreichend und sehr detailliert. So muß ein „income statement" für die vergangenen zwei Geschäftsjahre abgegeben werden, das die Einkünfte und Ausgaben getrennt ausweist. Die Angaben sind entsprechend den Grundsätzen der Rechnungslegung in dem Sitzland der Auslandsbank zu machen. Daneben verlangt Form F.R. 2068 Angaben zu: „loan loss experience, debt and equity securities" sowie den „inner reserves and other contra accounts against assets and liabilities resulting in „hidden" reserves".

Angaben zur Geschäftslage der Gesellschaften, an denen die Auslandsbank mindestens 25 % der stimmberechtigten Anteile hält, sind nur dann zu machen, wenn die Beteiligungsgesellschaft „material" ist. Nach der Definition dieses Begriffes ist eine Gesellschaft dann „material", wenn (1) die Investitionen der Auslandsbank in dieser Gesellschaft 5 % des Eigenkapitals der Auslandsbank übersteigen, (2) die Bruttoeinnahmen der Beteiligungsgesellschaft 5 % der konsolidierten Bruttobetriebseinnahmen der Auslandsbank übersteigen, oder (3) der Betrieb der Beteiligungsgesellschaft zu einem Reingewinn oder Nettoverlust von mehr als 5 % des Reingewinns der Auslandsbank geführt hat. Hinsicht-

---

178) Federal Reserve Board Explanations (Fußnote 176) „Foreign Banking Organization Confidential Report of Operations, Form F.R.2068".
179) Zum Nachfolgenden vgl. das Formblatt für den Bericht F.R. 2068 „Foreign Banking Organizations Confidential Report of Operations", FBLR Nr. 44.071, sowie die Federal Reserve Board Explanations.

lich des Umfangs der zu erteilenden Auskünfte über eine so qualifizierte Beteiligungsgesellschaft wird nach der Höhe der Beteiligung der Auslandsbank differenziert: Hält die Auslandsbank mehr als 50 % der stimmberechtigten Anteile, so muß sie ein „financial statement" der Beteiligungsgesellschaft für die vergangenen zwei Geschäftsjahre vorlegen. Dies hat zu bestehen aus der Bilanz, der Gewinn- und Verlustrechnung und den Angaben über eventuelle Änderungen der Kapitalkonten. Die Angaben werden in der jeweiligen Landeswährung gemacht.

Etwas geringer sind die Anforderungen an die Berichtspflichten, wenn die Beteiligung der Auslandsbank sich zwischen 25 und 50 % bewegt. Hier war der Tatsache Rechnung zu tragen, daß die Auslandsbanken als Minderheitsbeteiligte nicht immer alle erforderlichen Informationen von der Beteiligungsgesellschaft erlangen können. Die zu erteilenden Auskünfte erstrecken sich auf folgende Angaben für die beiden letzten Geschäftsjahre der Beteiligungsgesellschaft: die gesamten Aktiva, den gesamten Wert der von den Anteilsinhabern gehaltenen Anteile (shareholders' equity), den Reingewinn.

Von der Berichtspflicht nach Form F.R. 2068 sind Auslandsbanken befreit, deren Bankgeschäfte sich in unbedeutendem Rahmen bewegen. Das ist der Fall, wenn die branches und agencies einer Auslandsbank zusammen weder Verbindlichkeiten gegenüber Dritten von mehr als $ 100 Millionen haben, noch zusammen mehr als $ 10 Millionen Einlagen aufweisen. Diese Ausnahmebestimmung greift jedoch dann nicht ein, wenn die Auslandsbank in den USA eine Geschäftsbank kontrolliert oder eine der Federal Deposit Insurance Corporation angehörende branch unterhält; in diesem Fall ist der Bericht nach Form F.R. 2068 immer abzugeben.

I. INTERNATIONAL BANKING ACT OF 1978

Short Title; Definitions and Rules of Construction
SECTION 1.

(a) This Act may be cited as the "International Banking Act of 1978".

(b) For the purposes of this Act —

(1) "agency" means any office or any place of business of a foreign bank located in any State of the United States at which credit balances are maintained incidental to or arising out of the exercise of banking powers, checks are paid, or money is lent but at which deposits may not be accepted from citizens or residents of the United States;

(2) "Board" means the Board of Governors of the Federal Reserve System;

(3) "branch" means any office or any place of business of a foreign bank located in any State of the United States at which deposits are received;

(4) "Comptroller" means the Comptroller of the Currency;

(5) "Federal agency" means an agency of a foreign bank established and operating under section 4 of this Act;

(6) "Federal branch" means a branch of a foreign bank established and operating under section 4 of this Act;

(7) "foreign bank" means any company organized under the laws of a foreign country, a territory of the United States, Puerto Rico, Guam, American Samoa, or the Virgin Islands, which engages in the business of banking, or any subsidiary or affiliate, organized under such laws, of any such company. For the purposes of this Act the term "foreign bank" includes, without limitation, foreign commercial banks, foreign merchant banks and other foreign institutions that engage in banking activities usual in connection with the business of banking in the countries where such foreign institutions are organized or operating;

(8) "foreign country" means any country other than the United States, and includes any colony, dependency, or possession of any such country;

(9) "commercial lending company" means any institution, other than a bank or an organization operating under section 25 of the Federal Reserve Act, organized under the laws of any State of the United States, or the District of Columbia which maintains credit balances incidental to or arising out of the exercise of banking powers and engages in the business of making commercial loans;

(10) "State" means any State of the United States or the District of Columbia;

(11) "State agency" means an agency of a foreign bank established and operating under the laws of any State;

(12) "State branch" means a branch of a foreign bank established and operating under the laws of any State;

(13) the terms "bank", "bank holding company", "company", "control", and "subsidiary" have the same meanings assigned to those terms in the Bank Holding Company Act of 1956, and the terms "controlled" and "controlling" shall be construed consistently with the term "control" as defined in section 2 of the Bank Holding Company Act of 1956; and

(14) "consolidated" means consolidated in accordance with generally accepted accounting principles in the United States consistently applied.

Directors of National Banks
SEC. 2.

Section 5146 of the Revised Statutes (12 U.S.C. 72) is amended by striking out the period at the end of the first sentence and adding the following new provision: ", except that in the case of an association which is a subsidiary or affiliate of a foreign bank, the Comptroller of the Currency may in his discretion waive the requirement of citizenship in the case of not more than a minority of the total number of directors".

Edge Act Corporations
SEC. 3.

(a) It ist the purpose of this section to eliminate or modify provisions in section 25 (a) of the Federal Reserve Act that (1) discriminate against foreign-owned banking institutions, (2) disadvantage or unnecessarily restrict or limit corporations organized under section 25 (a) of the Federal Reserve Act in competing with foreignowned banking institutions in the United States or abroad or (3) impede the attainment of the Congressional purposes set forth in section 25 (a) of the Federal Reserve Act as amended by subsection (b) of this section. In furtherance of such purpose, the Congress believes that the Board should review and revise its rules, regulations, and interpretations issued pursuant to section 25 (a) of the Federal Reserve Act to eliminate or modify any restrictions, conditions or limitations not required by section 25 (a) of the Federal Reserve Act, as amended, that (1) discriminate against foreign-owned banking institutions, (2) disadvantage or unnecessarily restrict or limit corporations organized under section 25 (a) of the Federal Reserve Act in competing with foreign-owned banking institutions in the United States or abroad, or (3) impede the attainment of the Congressional purposes set forth in section 25 (a) of the Federal Reserve Act as amended by subsection (b) of this section. Rules and regulations pursuant to this subsection and section 25 (a) ot the Federal Reserve Act shall be issued not later than 150 days after the date of enactment of this section and shall be issued in final form and become effective not later than 120 days after they are first issued.

(b) Section 25 (a) of the Federal Reserve Act is amended by adding after the first paragraph (12 U.S.C. 611), the following new paragraph:

"The Congress hereby declares that it is the purpose of this section to provide for the establishment of international banking and financial corporations operating under Federal supervision with powers sufficiently broad to enable them to compete effectively with similar foreign-owned institutions in the United States and abroad; to afford to the United States exporter and importer in particular, and to United States commerce, industry, and agriculture in general, at all times a means of financing international trade, especially United States exports; to foster the participation by regional and smaller banks throughout the United States in the provision of international banking and financing services to all segments of United States agriculture, commerce, and industry, and, in particular small business and farming concerns; to stimulate competition in the provision of international banking and financing services throughout the United States; and, in conjunction with each of the preceding purposes, to facilitate and stimulate the export of United States goods, wares, merchandise, commodities, and services to achieve a sound United States international trade position. The Board of Governors of the Federal Reserve System shall issue rules and regulations under this section consistent with and in furtherance of the purposes described in the preceding sentence, and, in accordance therewith, shall review and revise any such rules and regulations at least once every five years, the first such period commencing with the effective date of rules and regulations issued pursuant to section 3 (a) of the International Banking Act of 1978, in order to ensure that such purposes are being served in light of prevailing economic conditions and banking practices.".

(c) The second sentence of the fourth paragraph of section 25 (a) of the Federal Reserve Act (12 U.S.C. 614) is amended by striking out ", all of whom shall be citizens of the United States" after "to elect or appoint directors".

(d) The first sentence of the sixth paragraph of section 25 (a) of the Federal Reserve Act (12 U.S.C. 615 (a)) is amended by striking ", but in no event having liabilities outstanding thereon at any one time exceeding ten times its capital stock and surplus"; and the first sentence of the twelfth paragraph of section 25 (a) of the Federal Reserve Act (12 U.S.C. 618) is amended by inserting a period after "and in section 25 of the Federal Reserve Act as amended", and by striking the remainder of the sentence.

(e) The third sentence of the sixth paragraph of section 25 (a) of the Federal Reserve Act (12 U.S.C. 615 (a)) ist amended by striking ", but in no event less than ten per centum of its deposits" and inserting in lieu thereof "for member banks of the Federal Reserve System".

(f) The thirteenth paragraph of section 25 (a) of the Federal Reserve Act (12 U.S.C. 619) is deleted and the following paragraph is inserted in lieu thereof:

"Except as otherwise provided in this section, a majority of the shares of the capital stock of any such corporation shall at all times be held and owned by citizens of the United States, by corporations the controlling interest in which is owned by citizens of the United States, chartered under the laws of the United States or of a State of the United States, or by firms or companies, the controlling interest in which is owned by citizens of the United States. Notwithstanding any other provisions of this section, one or more foreign banks, institutions organized under the laws of foreign countries which own or control foreign banks, or banks organized under the laws of the United States, the States of the United States, or the District of Columbia, the controlling interests in which are owned by any such foreign banks or institutions, may, with the prior approval of the Board of Governors of the Federal Reserve System and upon such terms and conditions and subject to such rules and regulations as the Board of Governors of the Federal

Reserve System may prescribe, own and hold 50 per centum or more of the shares of the capital stock of any corporation organized under this section, and any such corporation shall be subject to the same provisions of law as any other corporation organized under this section, and the terms 'controls' and 'controlling interest' shall be construed consistently with the definition of 'control' in section 2 of the Bank Holding Company Act of 1956. For the purposes of the preceding sentence of this paragraph the term 'foreign bank' shall have the meaning assigned to it in the International Banking Act of 1978.".

(g) The Board shall report to the Congress not later than 270 days after the date of enactment of this Act its recommendations with respect to permitting corporations organized or operating under section 25 or 25 (a) of the Federal Reserve Act, to become members of Federal Reserve Banks.

(h) As part of its annual report pursuant to section 10 of the Federal Reserve Act, the Board shall include its assessment of the effects of the amendments made by this Act on the capitalization and activities of corporations organized or operating under section 25 or 25 (a) of the Federal Reserve Act, and on commercial banks and the banking system.

Federal Branches and Agencies
SEC. 4.

(a) Except as provided in section 5, a foreign bank which engages directly in a banking business outside the United States may, with the approval of the Comptroller, establish one or more Federal branches or agencies in any State in which (1) it is not operating a branch or agency pursuant to State law and (2) the establishment of a branch or agency, as the case may be, by a foreign bank is not prohibited by State law.

(b) In establishing and operating a Federal branch or agency, a foreign bank shall be subject to such rules, regulations, and orders as the Comptroller considers appropriate to carry out this section, which shall include provisions for service of process and maintenance of branch and agency accounts separate from those of the parent bank. Except as otherwise specifically provided in this Act or in rules, regulations, or orders adopted by the Comptroller under this section, operations of a foreign bank at a Federal branch or agency shall be conducted with the same rights and privileges as a national bank at the same location and shall be subject to all the same duties, restrictions, penalties, liabilities, conditions, and limitations that would apply under the National Bank Act to a national bank doing business at the same location, except that (1) the requirements of section 5240 of the Revised Statutes (12 U.S.C. 481) shall be met with respect to a Federal branch or agency if it is examined at least once in each calendar year: (2) any limitation or restriction based on the capital stock and surplus of a national bank shall be deemed to refer, as applied to a Federal branch or agency, to the dollar equivalent of the capital stock and surplus of the foreign bank, and if the foreign bank has more than one Federal branch or agency the business transacted by all such branches and agencies shall be aggregated in determining compliance with the limitation; (3) a Federal branch or agency shall not be required to become a member bank, as that term is defined in section 1 of the Federal Reserve Act; and (4) a Federal agency shall not be required to become an insured bank as that term is defined in section 3 (h) of the Federal Deposit Insurance Act.

(c) In acting on any application to establish a Federal branch or agency, the Comptroller shall take into account the effects of the proposal on competition in the domestic and foreign commerce of the United States, the financial and managerial resources and future prospects of the applicant foreign bank and the branch or agency, and the convenience and needs of the community to be served.

(d) Notwithstanding any other provision of this section, a foreign bank shall not receive deposits or exercise fiduciary powers at any Federal agency. A foreign bank may, however, maintain at a Federal agency for the account of others credit balances incidental to, or arising out of, the exercise of its lawful powers.

(e) No foreign bank may maintain both a Federal branch and a Federal agency in the same State.

(f) Any branch or agency operated by a foreign bank in a State pursuant to State law and any commercial lending company controlled by a foreign bank may be converted into a Federal branch or agency with the approval of the Comptroller. In the event of any conversion pursuant to this subsection, all of the liabilities of such foreign bank previously payable at the State branch or agency, or all of the liabilities of the commercial lending company, shall thereafter be payable by such foreign bank at the branch or agency established under this subsection.

(g) (1) Upon the opening of a Federal branch or agency in any State and thereafter, a foreign bank, in addition to any deposit requirements imposed under section 6 of this Act, shall keep on deposit, in accordance with such rules and regulations as the Comptroller may prescribe, with a member bank designated by such foreign bank, dollar deposits or investment securities of the type that may be held by national banks for their own accounts pursuant to paragraph "Seventh" of section 5136 of the Revised Statutes, as amended, in an amount as hereinafter set forth. Such depository bank shall be located in the State where such branch or agency is located and shall be approved by the Comptroller if it is a national bank and by the Board of Governors of the Federal Reserve System if it is a State Bank.

(2) The aggregate amount of deposited investment securities (calculated on the basis of principal amount or market value, whichever is lower) and dollar deposits for each branch or agency established and operating under this section shall be not less than the greater of (1) that amount of capital (but not surplus) which would be required of a national bank being organized at this location, or (2) 5 per centum of the total liabilities of such branch or agency, including acceptances, but excluding (A) accrued expenses, and (B) amounts due and other liabilities to offices, branches, agencies, and subsidiaries of such foreign bank. The Comptroller may require that the assets deposited pursuant to this subsection shall be maintained in such amounts as he may from time to time deem necessary or desirable, for the maintenance of a sound financial condition, the protection of depositors, and the public interest, but such additional amount shall in no event be greater than would be required to conform to generally accepted banking prac-

tices as manifested by banks in the area in which the branch or agency is located.

(3) The deposit shall be maintained with any such member bank pursuant to a deposit agreement in such form and containing such limitations and conditions as the Comptroller may prescribe. So long as it continues business in the ordinary course such foreign bank shall, however, be permitted to collect income on the securities and funds so deposited and from time to time examine and exchange such securities.

(4) Subject to such conditions and requirements as may be prescribed by the Comptroller, each foreign bank shall hold in each State in which it has a Federal branch or agency, assets of such types and in such amount as the Comptroller may prescribe by general or specific regulation or ruling as necessary or desirable for the maintenance of a sound financial condition, the protection of depositors, creditors and the public interest. In determining compliance with any such prescribed asset requirements, the Comptroller shall give credit to (A) assets required to be maintained pursuant to paragraphs (1) and (2) of this subsection, (B) reserves required to be maintained pursuant to section 7 (a) of this Act, and (C) assets pledged, and surety bonds payable, to the Federal Deposit Insurance Corporation to secure the payment of domestic deposits. The Comptroller may prescribe different asset requirements for branches or agencies in different States, in order to ensure competitive equality of Federal branches and agencies with State branches and agencies and domestic banks in those States.

(h) A foreign bank with a Federal branch or agency operating in any State may (1) with the prior approval ot the Comptroller establish and operate additional branches or agencies in the State in which such branch or agency is located on the same terms and conditions and subject to the same limitations and restrictions as are applicable to the establishment of branches by a national bank if the principal office of such national bank were located at the same place as the initial branch or agency in such State of such foreign bank and (2) change the designation of its initial branch or agency to any other branch or agency subject to the same limitations and restrictions as are applicable to a change in the designation of the principal office of a national bank if such principal office were located at the same place as such initial branch or agency.

(i) Authority to operate a Federal branch or agency shall terminate when the parent foreign bank voluntarily relinquishes it or when such parent foreign bank is dissolved or its authority or existence is otherwise terminated or canceled in the country of its organization. If (1) at any time the Comptroller is of the opinion or has reasonable cause to believe that such foreign bank has violated or failed to comply with any of the provisions of this section or any of the rules, regulations, or orders of the Comptroller made pursuant to this section, or (2) a conservator is appointed for such foreign bank or a similar proceeding is initiated in the foreign bank's country of organization, the Comptroller shall have the power, after opportunity for hearing, to revoke the foreign bank's authority to operate a Federal branch or agency. The Comptroller may, in his discretion, deny such opportunity for hearing if he determines such denial to be in the public interest. The Comptroller may restore any such authority upon due proof of compliance with the provisions of this section and the rules, regulations, or orders of the Comptroller made pursuant to this section.

(j) (1) Whenever the Comptroller revokes a foreign bank's authority to operate a Federal branch or agency or whenever any creditor of any such foreign bank shall have obtained a judgment against it arising out of a transaction with a Federal branch or agency in any court of record of the United States or any State of the United States and made application, accompanied by a certificate from the clerk of the court stating that such judgment has been rendered and has remained unpaid for the space of thirty days, or whenever the Comptroller shall become satisfied that such foreign bank is insolvent, he may, after due consideration of its affairs, in any such case, appoint a receiver who shall take possession of all the property and assets of such foreign bank in the United States and exercise the same rights, privileges, powers, and authority with respect thereto as are now exercised by receivers of national banks appointed by the Comptroller.

(2) In any receivership proceeding ordered pursuant to this subsection (j), whenever there has been paid to each and every depositor and creditor of such foreign bank wose claim or claims shall have been proved or allowed, the full amount of such claims arising out of transactions had by them with any branch or agency of such foreign bank located in any State of the United States, except (A) claims that would not represent an enforceable legal obligation against such branch or agency if such branch or agency were a separate legal entity, and (B) amounts due and other liabilities to other offices or branches or agencies of, and wholly owned (except for a nominal number of directors' shares) subsidiaries of, such foreign bank, and all expenses of the receivership, the Comptroller or the Federal Deposit Insurance Corporation, where that Corporation has been appointed receiver of the foreign bank, shall turn over the remainder, if any, of the assets and proceeds of such foreign bank to the head office of such foreign bank, or to the duly appointed domiciliary liquidator or receiver of such foreign bank.

Interstate Banking Operations
SEC. 5.

(a) Except as provided by subsection (b), (1) no foreign bank may directly or indirectly establish and operate a Federal branch outside of its home State unless (A) its operation is expressly permitted by the State in which it is to be operated, and (B) the foreign bank shall enter into an agreement or undertaking with the Board to receive only such deposits at the place of operation of such Federal branch as would be permissible for a corporation organized under section 25 (a) of the Federal Reserve Act under rules and regulations administered by the Board; (2) no foreign bank may directly or indirectly establish and operate a State branch outside of its home State unless (A) it is approved by the bank regulatory authority of the State in which such branch is to be operated, and (B) the foreign bank shall enter into an agreement or undertaking with the Board to receive only such deposits at the place of operation of such State branch as would be permissible for a corporation organized under section 25 (a) of the Federal Reserve Act under rules and regulations administered by the Board; (3) no foreign bank may directly or indirectly establish and operate a Federal agency outside of its home State unless its operation is expressly permitted by the State in which it is to be operated; (4) no foreign bank may directly or indirectly establish and operate a State agency or commercial lending company subsidiary outside of its home State, unless its establishment and operation is approved by the bank regulatory authority of the State in which it is to be operated; and (5) no foreign bank may directly or indirectly acquire any voting shares of, interest in, or substantially all of the assets of a bank located outside of its home State if such acquisition would be prohibited under section 3 (d) of the Bank Holding Company Act of 1956 if the foreign bank were a bank holding company the operations of whose banking subsidiaries were principally conducted in the foreign bank's home State. Notwithstanding any other provisions of Federal or State law, deposits received by any Federal or State branch subject to the limitations of an agreement or undertaking imposed under this subsection shall not be subject to any requirement of mandatory insurance by the Federal Deposit Insurance Corporation.

(b) Unless its authority to do so is lawfully revoked otherwise than pursuant to this section, a foreign bank, notwithstanding any restriction or limitation imposed under subsection (a) of this section, may establish and operate, outside its home State, any State branch, State agency, or bank or commercial lending company subsidiary which commenced lawful operation or for which an application to commence business had been lawfully filed with the appropriate State or Federal authority, as the case may be, on or before July 27, 1978.

(c) For the purposes of this section, the home State of a foreign bank that has branches, agencies, subsidiary commercial lending companies, or subsidiary banks, or any combination thereof, in more than one State, is whichever of such States is so determined by election of the foreign bank, or, in default of such election, by the Board.

Insurance of Deposits
SEC. 6.

(a) No foreign bank may establish or operate a Federal branch which receives deposits of less than $ 100,000 unless the branch is an insured branch as defined in section 3 (s) of the Federal Deposit Insurance Act, or unless the Comptroller determines by order or regulation that the branch is not engaged in domestic retail deposit activities requiring deposit insurance protection, taking account of the size and nature of depositors and deposit accounts.

(b) After the date of enactment of this Act no foreign bank may establish a branch, and after one year following such date no foreign bank may operate a branch, in any State in which the deposits of a bank organized and existing under the laws of that State would be required to be insured, unless the branch is an insured branch as defined in section 3 (s) of the Federal Deposit Insurance Act, or unless the branch will not thereafter accept deposits of less than $ 100,000, or unless the Federal Deposit Insurance Corporation determines by order or regulation that the branch is not engaged in domestic retail deposit activities requiring deposit insurance protection, taking account of the size and nature of depositors and deposit accounts.

Notwithstanding the previous paragraph, a branch of a foreign bank in operation on the date of enactment of this Act which has applied for Federal deposit insurance pursuant to section 5 of the Federal Deposit Insurance Act by September 17. 1979, and has not had such application denied, may continue to accept domestic retail deposits until January 31. 1980.

[As added by Act of September 14, 1979, Sec. 1, 93 Stat. 412; 12 U. S. Code 3104.]

(c) (1) The Federal Deposit Insurance Act (12 U.S.C. 1811-1832) is amended as set forth hereinafter in this subsection, in which section numbers not otherwise identified refer to sections of that Act.

(2) Section 3 (h) is amended by inserting "(including a foreign bank having an insured branch) "immediately after" (h) The term 'insured bank' means any bank".

(3) Section 3 (j) is amended by inserting "or of a branch of a foreign bank" immediately before the period at the end thereof.

(4) Section 3 (m) is amended (A) by changing "(m) The" to read "(m) (1) Subject to the provisions of paragraph (2) of this subsection, the", and (B) by adding at the end thereof the following new paragraph:

"(2) In the case of any deposit in a branch of a foreign bank, the term 'insured deposit' means an insured deposit as defined in paragraph (1) of this subsection which —

"(A) is payable in the United States to —

"(i) an individual who is a citizen or resident of the United States,

"(ii) a partnership, corporation, trust, or other legally cognizable entity created under the laws of the United States or any State and having its principal place of business within the United States or any State, or

"(iii) an individual, partnership, corporation, trust, or other legally cognizable entity which is determined by the Board of Directors in accordance with its regulations to have such business or financial relationships in the United States as to make the insurance of such deposit consistent with the purposes of this Act; and

"(B) meets any other criteria prescribed by the Board of Directors by regulation as necessary or appropriate in its judgment to carry out the purposes of this Act or to facilitate the administration thereof."

(5) Section 3 (q) is amended to read as follows:
" (q) The term 'appropriate Federal banking agency' shall mean —

"(1) the Comptroller of the Currency in the case of a national banking association, a District bank, or a Federal branch or agency of a foreign bank;

"(2) the Board of Governors of the Federal Reserve System —

"(A) in the case of a State member insured bank (except a District bank),

"(B) in the case of any branch or agency of a foreign bank with respect to any provision of the Federal Reserve Act which is made applicable under the International Banking Act of 1978,

"(C) in the case of any foreign bank which does not operate an insured branch,

"(D) in the case of any agency or commercial lending company other than a Federal agency, and

"(E) in the case of supervisory or regulatory proceedings arising from the authority given to the Board of Governors under section 7 (c) (1) of the International Banking Act of 1978, including such proceedings under the Financial Institutions Supervisory Act, and

"(3) the Federal Deposit Insurance Corporation in the case of a State non-member insured Bank (except a District bank) or a foreign bank having an insured branch.

Under the rule set forth in this subsection, more than one agency may be an appropriate Federal banking agency with respect to any given institution. For the purposes of subsections (b) through (n) of section 8 of this Act, the term 'insured bank' shall be deemed to include any uninsured branch or agency of a foreign bank or any commercial lending company owned or controlled by a foreign bank.".

(6) Section 3 is amended by adding at the end thereof the following new subsections:

"(r) The terms 'foreign bank' and 'Federal branch' shall be construed consistently with the usage of such terms in the International Banking Act of 1978.

"(s) The term 'insured branch' means a branch of a foreign bank any deposits in which are insured in accordance with the provisions of this Act.".

(7) Section 5 in amended (A) by changing "SEC. 5." to read "SEC. 5. (a)" and (B) by adding at the end thereof the following new subsections:

"(b) Subject to the provisions of this Act and to such terms and conditions as the Board of Directors may impose, any branch of a foreign bank, upon application by the bank to the Corporation, and examination by the Corporation of the branch, and approval by the Board of Directors, may become an insured branch. Before approving any such application, the Board of Directors shall give consideration to −

"(1) the financial history and condition of the bank,

"(2) the adequacy of its capital structure,

"(3) its future earnings prospects,

"(4) the general character of its management, including but not limited to the management of the branch proposed to be insured,

"(5) the convenience and needs of the community to be served by the branch,

"(6) whether or not its corporate powers, insofar as they will be exercised through the proposed insured branch, are consistent with the purposes of this Act, and

"(7) the probable adequacy and reliability of information supplied and to be supplied by the bank to the Corporation to enable it to carry out its functions under this Act.

"(c) (1) Before any branch of a foreign bank becomes an insured branch, the bank shall deliver to the Corporation or as the Corporation may direct a surety

104

bond, a pledge of assets, or both, in such amounts and of such types as the Corporation may require or approve, for the purpose set forth in paragraph (4) of this subsection.

"(2) After any branch of a foreign bank becomes an insured branch, the bank shall maintain on deposit with the Corporation, or as the Corporation may direct, surety bonds or assets or both, in such amounts and of such types as shall be determined from time to time in accordance with such regulations as the Board of Directors may prescribe. Such regulations may impose differing requirements on the basis of any factors which in the judgment of the Board of Directors are reasonably related to the purpose set forth in paragraph (4).

"(3) The Corporation may require of any given bank larger deposits of bonds and assets than required under paragraph (2) of this subsection if, in the judgment of the Corporation, the situation of that bank or any branch thereof is or becomes such that the deposits of bonds and assets otherwise required under this section would not adequately fulfill the purpose set forth in paragraph (4). The imposition of any such additional requirements may be without notice or opportunity for hearing, but the Corporation shall afford an opportunity to any such bank to apply for a reduction or removal of any such additional requirements so imposed.

"(4) The purpose of the surety bonds and pledges of assets required under this subsection is to provide protection to the deposit insurance fund against the risks entailed in insuring the domestic deposits of a foreign bank whose activities, assets, and personnel are in large part outside the jurisdiction of the United States. In the implementation of its authority under this subsection, however, the Corporation shall endeavor to avoid imposing requirements on such banks which would unnecessarily place them at a competitive disadvantage in relation to domestically incorporated banks.

"(5) In the case of any failure or threatened failure of a foreign bank to comply with any requirement imposed under this subsection (c), the Corporation, in addition to all other administrative and judicial remedies, may apply to any United States district court, or United States court of any territory, within the jurisdiction of which any branch of the bank is located, for an injunction to compel such bank and any officer, employee, or agent thereof, or any other person having custody or control of any of its assets, to deliver to the Corporation such assets as may be necessary to meet such requirement, and to take any other action necessary to vest the Corporation with control of assets so delivered. If the court shall determine that there has been any such failure or threatened failure to comply with any such requirement, it shall be the duty of the court to issue such injunction. The propriety of the requirement may be litigated only as provided in chapter 7 of title 5 of the United States Code, and may not be made an issue in an action for an injunction under this paragraph.".

(8) The first sentence of section 7 (a) (1) is amended by inserting "and each foreign bank having an insured branch which is not a Federal branch" immediately before "shall make to the Corporation".

(9) The first sentence of section 7 (a) (3) is amended (A) by inserting "and each foreign bank having an insured branch (other than a Federal branch)" immediately before "shall make to the Corporation" and (B) by inserting ", each

105

foreign bank having an insured branch which is a Federal branch," immediately before "and each insured district".

(10) Section 7 (a) is amended by adding at the end thereof the following new paragraph:

"(7) In respect of any report required or authorized to be supplied or published pursuant to this subsection or any other provision of law, the Board of Directors or the Comptroller of the Currency, as the case may be, may differentiate between domestic banks and foreign banks to such extent as, in their judgment, may be reasonably required to avoid hardship and can be done without substantial compromise of insurance risk or supervisory and regulatory effectiveness".

(11) Section 7 (b) is amended (A) by changing "(4) A bank's assessment base" to read "(4) (A) Except as provided in subparagraph (B) of this paragraph, a bank's assessment base" and (B) by adding at the end thereof the following new subparagraph:

"(B) In determining the assessment base and assessment base additions and deductions of a foreign bank having an insured branch, such adjustments shall be made as the Board of Directors may by regulation prescribe in order to provide equitable treatment for domestic and foreign banks."

(12) Section (7) (j) (1) is amended (A) by changing "(j) (1) Whenever" to read "(j) (1) (A) Except as provided in subparagraph (B) of this paragraph, whenever", and (B) by adding at the end thereof the following new subparagraph:

"(B) The Board of Directors may by regulation exempt from the reporting requirements of subparagraph (A) of this paragraph any transaction in the stock of a foreign bank to the extent that the making of any such report would be prohibited by the laws of the country of domicile of the foreign bank in effect at the time such bank makes its application under section 5 (b) of this Act, or rendered impracticable by the customs and usages of such country, but the Board of Directors shall weigh the existence of any such prohibition or impracticability in connection with its consideration of the factors enumerated in sections 5 (b) (4) and 5 (b) (7).".

(13) Section 7 (j) (2) is amended by changing "(2) Whenever" to read "(2) (A) Except as provided in subparagraph (B) of this paragraph, whenever" and by adding at the end thereof the following new subparagraphs:

"(B) The requirements of subpargraph (A) of this paragraph shall not apply in the case of a loan secured by the stock of a foreign bank if the lending bank is a foreign bank under the laws of whose domicile the report otherwise required by subparagraph (A) would be prohibited.

"(C) No foreign bank under the laws of whose domicile a report in compliance with subparagraph (A) of this paragraph would be prohibited in the case of a loan to acquire the stock of an insured bank which is not a foreign bank may make, acquire, or retain any such loan. Each report of condition filed under subsection (a) by any foreign bank to which this subparagraph applies shall contain either a statement of the amount of each loan made, retained, or acquired by the foreign bank in violation of this subparagraph during the period from the date it became an insured bank or the date of its last report of condition, whichever is later, to the date of the report of condition, or a statement that no such loans were made and no such loans were outstanding during such period.".

(14) The first sentence of section 8 (a) is amended by inserting ", a foreign bank having an insured branch which is a Federal branch, a foreign bank having an insured branch which is required to be insured under section 6 (a) or (b) of the International Banking Act of 1978," immediately after "(except a national member bank".

(15) Section 8 is amended by adding at the end thereof the following new subsection:

"(r) (1) Except as otherwise specifically provided in this section, the provisions of this section shall be applied to foreign banks in accordance with this subsection.

"(2) An act or practice outside the United States on the part of a foreign bank or any officer, director, employee, or agent therof may not constitute the basis for any action by any officer or agency of the United States under this section, unless —

"(A) such officer or agency alleges a belief that such act or practice has been, is, or is likely to be a cause of or caried on in connection with or in furtherance of an act or practice within any one or more States which, in and of itself, would constitute an appropriate basis for action by a Federal officer or agency under this section; or

"(B) the alleged act or practice is one which, if proven, would, in the judgment of the Board of Directors, adversely affect the insurance risk assumed by the Corporation.

"(3) In any case in which any action or proceeding is brought pursuant to an allegation under paragraph (2) of this subsection for the suspension or removal of any officer, dirctor, or other person associated with a foreign bank, and such person fails to appear promptly as a party to such action or proceeding and to comply with any effective order or judgment therein, any failure by the foreign bank to secure his removal from any office he holds in such bank and from any further participation in its affairs shall, in and of itself, constitute grounds for termination of the insurance of the deposits in any branch of the bank.

"(4) Where the venue of any judicial or administrative proceeding under this section is to be determined by reference to the location of the home office of a bank, the venue of such a proceeding with respect to a foreign bank having one or more branches or agencies in not more than one judicial district or other relevant jurisdiction shall be within such jurisdiction. Where such a bank has branches or agencies in more than one such jurisdiction, the venue shall be in the jurisdiction within which the branch or branches or agency or agencies involved in the proceeding are located, and if there is more than one such jurisdiction, the venue shall be proper in any such jurisdiction in which the proceeding is brought or to which it may appropriately be transferred.

"(5) Any service required or authorized to be made on a foreign bank may be made on any branch or agency located within any State, but if such service is in connection with an action or proceeding involving one or more branches or one or more agencies located in any State, service shall be made on at least one branch or agency so involved.".

(16) (A) The first sentence of section 10 (b) is amended (i) by inserting "any insured State branch of a foreign bank, any State branch of a foreign bank making application to become an insured bank," immediately after "(except a District bank)", and (ii) by inserting "or branch" before the comma after "any closed insured bank".

(B) The second sentence of section 10 (b) is amended by inserting ", insured Federal branch of a foreign bank," between the words "national bank" and "or District bank".

(C) The third sentence of section 10 (b) is amended by inserting ", and in the case of a foreign bank, a binding commitment by such bank to permit such examination to the extent determined by the Board of Directors to be necessary to carry out the purposes of this Act shall be required as condition to the insurance of any deposits" immediately before the period at the end thereof.

(17) Section 11 (c) is amended by inserting ", insured Federal branch of a foreign bank," immediately before "or insured District bank,".

(18) The first sentence of section 11 (e) is amended by inserting "or any insured branch (other than a Federal branch) of a foreign bank" immediately before "shall have been colsed".

(19) The second sentence of section 11 (e) is amended by changing "such insured State bank," to read "such insured State bank or insured branch of a foreign bank,".

(20) Section 11 (f) is amended by inserting "or insured branch of a foreign bank" immediately before "shall have been closed".

(21) The first sentence of section 11 (g) is amended by inserting ", insured branch of a foreign bank," immediately before "or District bank,".

(22) The third sentence of section 11 (g) is amended by changing "In the case of any closed insured bank," to read "In the case of any closed insured bank or closed insured branch of a foreign bank,".

(23) Section 12 (a) is amended by inserting ", branch of a foreign bank," immediately after "a closed national bank".

(24) Section 13 is amended by adding at the end thereof the following new subsection:

"(g) The powers conferred on the Board of Directors and the Corporation by this section to take action to reopen a closed insured bank or to avert the closing of an insured bank may be used with respect to an insured branch of a foreign bank if, in the judgment of the Board of Directors, the public interest in avoiding the closing of such branch substantially outweighs any additional risk of loss to the insurance fund which the exercise of such powers would entail.".

(25) Section 18 (c) is amended by adding at the end thereof the following new paragraph:

"(11) The provisions of this subsection do not apply to any merger transaction involving a foreign bank if no party to the transaction is principally engaged in business in the United States.".

(26) Section 18 (d) is amended by inserting the following new sentence immediately after the first sentence thereof: "No foreign bank may move any insured branch from one location to another without such consent.".

(27) The first sentence of section 18 (g) is amended by inserting "and in insured

branches of foreign banks" immediately after "in insured nonmember banks".

(28) Section 18 (j) is amended by adding at the end thereof the following new sentence: "The provisions of this subsection shall not apply to any foreign bank having an insured branch with respect to dealings between such bank and any affiliate thereof.".

(29) Section 21 is amended by adding at the end thereof the following new subsection:

"(i) The provisions of this section shall not apply to any foreign bank except with respect to the transactions and records of any insured branch of such a bank.".

(30) The first sentence of section 25 (a) is amended by inserting "insured branch of a foreign bank," immediately after "No insured bank,".

Authority of Federal Reserve System
SEC. 7.

(a) (1) (A) Except as provided in paragraph (2) of this subsection, subsections (a), (b), (c), (d), (f), (g), (i), (j), (k), and the second sentence of subsection (e) of section 19 of the Federal Reserve Act shall apply to every Federal branch and Federal agency of a foreign bank in the same manner and to the same extent as if the Federal branch or Federal agency were a member bank as that term is defined in section 1 of the Federal Reserve Act; but the Board either by general or specific regulation or ruling may waive the minimum and maximum reserve ratios prescribed under section 19 of the Federal Reserve Act and may prescribe any ratio, not more than 22 per centum, for any obligation of any such Federal branch or Federal agency that the Board may deem reasonable and appropriate, taking into consideration the character of business conducted by such institutions and the need to maintain vigorous and fair competition between and among such institutions and member banks. The Board may impose reserve requirements on Federal branches and Federal agencies in such graduated manner as it deems reasonable and appropriate.

(B) After consultation and in cooperation with the State bank supervisory authorities, the Board may make applicable to any State branch or State agency any requirement made applicable to, or which the Board has authority to impose upon, any Federal branch or agency under subparagraph (A) of this paragraph.

(2) A branch or agency shall be subject to this subsection only if (A) its parent foreign bank has total worldwide consolidated bank assets in excess of $ 1.000.000.000: (B) its parent foreign bank is controlled by a foreign company which owns or controls foreign banks that in the aggregate have total worldwide consolidated bank assets in excess of $ 1,000,000,000; or (C) its parent foreign bank is controlled by a group of foreign companies that own or control foreign banks that in the aggregate have total worldwide consolidated bank assets in excess of $ 1,000,000,000.

(b) Section 13 of the Federal Reserve Act is amended by adding at the end thereof the following new paragraph:

"Subject to such restrictions, limitations, and regulations as may be imposed by the Board of Governors of the Federal Reserve System, each Federal Reserve bank may receive deposits from, discount paper endorsed by, and make advances to any branch or agency of a foreign bank in the same manner and to the same extent that it may exercise such powers with respect to a member bank if such branch or agency is maintaining reserves with such Reserve bank pursuant to section 7 of the International Banking Act of 1978. In exercising any such powers with respect to any such branch or agency, each Federal Reserve bank shall give due regard to account balances being maintained by such branch or agency with such Reserve bank and the proportion of the assets of such branch or agency being held as reserves under section 7 of the International Banking Act of 1978. For the purposes of this paragraph, the terms 'branch', 'agency', and 'foreign bank' shall have the same meanings assigned to them in section 1 of the International Banking Act of 1978.".

(c) (1) The Board may make examinations of each branch or agency of a foreign bank, and of each commercial lending company or bank controlled by one or more foreign banks or by one or more foreign companies that control a foreign bank, the cost of which shall be assessed against and paid by such foreign bank or company, as the case may be. The Board shall, insofar as possible, use the reports of examinations made by the Comptroller, the Federal Deposit Insurance Corporation, or the appropriate State bank supervisory authority for the purposes of this subsection.

(2) Each branch or agency of a foreign bank, other than a Federal branch or agency, shall be subject to paragraph 20 and the provision requiring the reports of condition contained in paragraph 6 of section 9 of the Federal Reserve Act (12 U.S.C. 335 and 324) to the same extent and in the same manner as if the branch or agency were a State member bank. In addition to any requirements imposed under section 4 of this Act, each Federal branch and agency shall be subject to subparagraph (a) of section 11 of the Federal Reserve Act (12 U.S.C. 248 (a)) and to paragraph 5 of section 21 of the Federal Reserve Act (12 U.S.C. 483) to the same extent and in the same manner as if it were a member bank.

(d) On or before two years after enactment of this Act, the Board after consultation with the appropriate State bank supervisory authorities shall report to the Committee on Banking, Finance and Urban Affairs of the United States House of Representatives and the Committee on Banking, Housing, and Urban Affairs of the United States Senate its recommendations with respect to the implementation of this Act, including any recommended requirements such as limitations on loans to affiliates or capital adequacy requirements which should be imposed on foreign banks to carry out the purposes of this Act. Not later than one hundred and eighty days after the enactment of this Act, the Board shall report to such Committees the steps which have been taken to consult and cooperate with State bank supervisory authorities as required by subsection (a) (1) (B).

Nonbanking Activities
SEC. 8.

(a) Except as otherwise provided in this section (1) any foreign bank that maintains a branch or agency in a State, (2) any foreign bank or foreign company controlling a foreign bank that controls a commercial lending company organized under State law, and (3) any company of which any foreign bank or company referred to in (1) and (2) is a subsidiary shall be subject to the provisions of the Bank Holding Company Act of 1956, and to sections 105 and 106 of the Bank Holding Company Act Amendments of 1970 in the same manner and to the same extent that bank holding companies are subject thereto, except that any such foreign bank or company shall not by reason of this subsection be deemed a bank holding company for purposes of section 3 of the Bank Holding Company Act of 1956.

(b) Until December 31, 1985, a foreign bank or other company to which subsection (a) applies on the date of enactment of this Act may retain direct or indirect ownership or control of any voting shares of any nonbanking company in the United States that it owned, controlled, or held with power to vote on the date of enactment of this Act or engage in any nonbanking activities in the United States in which it was engaged on such date.

(c) After December 31, 1985, a foreign bank or other company to which subsection (a) applies on the date of enactment of this Act may continue to engage in nonbanking activities in the United States in which directly or through an affiliate it was lawfully engaged on July 26, 1978 (or on a date subsequent to July 26, 1978, in the case of activities carried on as the result of the direct or indirect acquisition, pursuant to a binding written contract entered into on or before July 26, 1978, of another company engaged in such activities at the time of acquisition), and may engage directly or through an affiliate in nonbanking activities in the United States which are covered by an application to engage in such activities which was filed on or before July 26, 1978, except that the Board by order, after opportunity for hearing, may terminate the authority conferred by this subsection (c) on any such foreign bank or company to engage directly or through an affiliate in any activity otherwise permitted by this subsection (c) if it determines having due regard to the purposes of this Act and the Bank Holding Company Act of 1956, that such action is necessary to prevent undue concentration of resources, decreased or unfair competition, conflicts of interest, or unsound banking practices in the United States. Notwithstanding subsection (a) of this section, a foreign bank or company referred to in this subsection (c) may retain ownership or control of any voting shares (or, where necessary to prevent dilution of its voting interest, acquire additional voting shares) of any domestically controlled affiliate covered in 1978 which engages in the business of underwriting, distributing, or otherwise buying or selling stocks, bonds, and other securities in the United States. Except in the case of affiliates described in the preceding sentence, nothing in this subsection (c) shall be construed to authorize any foreign bank or company referred to in this subsection (c), or any affiliate thereof, to engage in activities authorized by this subsection (c) through the acquisition, pursuant to a contract entered into after

July 26, 1978, of any interest in or the assets of a going concern engaged in such activities. Any foreign bank or company that is authorized to engage in any activity pursuant to this subsection (c) but, as a result of action of the Board, is required to terminate such activity may retain the ownership of control of shares in any company carrying on such activity for a period of two years from the date on which its authority was so terminated by the Board. As used in this subsection, the term "affiliate" shall mean any company more than 5 per centum of whose voting shares is directly or indirectly owned or controlled or held with power to vote by the specified foreign bank or company, and the term "domestically-controlled affiliate covered in 1978" shall mean any affiliate the majority of whose voting shares is owned by a company or group of companies organized under the laws of the United States or any State thereof, if it has been under continuous domestic majority-controlling ownership since July 26, 1978, and if a foreign bank or group of foreign banks does not own or control, directly or indirectly, 25 per centum or more of its voting shares.

(d) Nothing in this section shall be construed to define a branch or agency of a foreign bank or a commercial lending company controlled by a foreign bank or foreign company that controls a foreign bank as a "bank" for the purposes of any provisions of the Bank Holding Company Act of 1956, or section 105 of the Bank Holding Company Act Amendments of 1970, except that any such branch, agency or commercial lending company subsidiary shall be deemed a "bank" or "banking subsidiary", as the case may be, for the purposes of applying the prohibitions of section 106 of the Bank Holding Company Act Amendments of 1970 and the exemptions procided in sections 4 (c) (1), 4 (c) (2), 4 (c) (3), and 4 (c) (4) of the Bank Holding Company Act of 1956 (12 U.S.C. 1843 (c) (1), (2), (3), and (4)) to any foreign bank or other company to which subsection (a) applies.

(e) Section 2 (h) of the Bank Holding Company Act of 1956 is amended (1) by striking out "(h) The" and inserting in lieu thereof "(h) (1) Except as provided by paragraph (2), the", (2) by striking out the proviso, and (3) by inserting at the end thereof the following:

"(2) The prohibitions of section 4 of this Act shall not apply to shares of any company organized under the laws of a foreign country (or to shares held by such company in any company engaged in the same general line of business as the investor company or in a business related to the business of the investor company) that is principally engaged in business outside the United States if such shares are held or acquired by a bank holding company organized under the laws of a foreign country that is principally engaged in the banking business outside the United States, except that (1) such exempt foreign company (A) may engage in or hold shares of a company engaged in the business of underwriting, selling or distributing securities in the United States only to the extent that a bank holding company may do so under this Act and under regulations or orders issued by the Board under this Act, and (B) may engage in the United States in any banking or financial operations or types of activities permitted under section 4 (c) (8) or in any order or regulation issued by the Board under such section only with the Board's prior approval under that section, and (2) no domestic office or subsidiary of a bank holding company or subsidiary thereof holding shares of such company may extend credit to a domestic office or subsidiary of such exempt company on terms more favorable than those afforded similar borrowers in the United States.".

Study of Foreign Treatment of United States Banks
SEC. 9.

(a). The Secretary of the Treasury, in conjunction with the Secretary of State, the Board, the Comptroller, and the Federal Deposit Insurance Corporation shall within 90 days after enactment of this bill commence a study of the extent to which banks organized under the laws of the United States or any State thereof are denied, whether by law or practice, national treatment in conducting banking operations in foreign countries, and the effects, if any, of such discrimination on United States exports to those countries. On or before one year after enactment of this section, the Secretary of the Treasury shall be required to report his findings, conclusions, and recommendations from such study to the Congress and describe the efforts undertaken by the United States to eliminate any foreign laws or practices that discriminate against banks organized under the laws of the United States or any State thereof, or that serve as a barrier to the financing of United States exports to any foreign country.

(b) (1) Every branch or agency of a foreign bank and every commercial lending company controlled by one or more foreign banks or by one or more foreign companies that control a foreign bank shall conduct its operations in the United States in full compliance with provisions of any law of the United States or any State thereof which —

(A) prohibit discrimination against any individual or other person on the basis of the race, color, religion, sex, marital status, age, or national origin of (i) such individual or other person or (ii) any officer, director, employee, or creditor of, or any owner of any interest in, such individual or other person; and

(B) apply to national banks or State-chartered banks doing business in the State in which such branch or agency or commercial lending company, as the case may be, is doing business.

(2) No application for a branch or agency shall be approved by the Comptroller or by a State bank supervisory authority, as the case may be, unless the entity making the application has agreed to conduct all of its operations in the United States in full compliance with provisions of any law of the United States or any State thereof which —

(A) prohibit discrimination against individuals or other persons on the basis of the race, color, religion, sex, marital status, age, or national origin of (i) such individual or other person or (ii) any officer, director, employee, or creditor of, or any owner of any interest in, such individual or other person; and

(B) apply to national banks or State-chartered banks doing business in the State in which the entity to be established is to do business.

[Sec. 9 as amended by Act of November 10, 1978 (Financial Institutions Regulatory and Interest Rate Control Act of 1978), effective March 10, 1979, Sec. 311, Public Law 95-630.]

Representative Offices
SEC. 10.

(a) Any foreign bank that maintains an office other than a branch or agency in any State shall register with the Secretary of the Treasury in accordance with rules prescribed by him, within one hundred and eighty days after the date of enactment of this Act or the date on which the office is established, whichever is later.

(b) This Act does not authorize the establishment of any such office in any State in contravention of State law.

Cease-and-Desist Orders
SEC. 11.

Subsection (b) of section 8 of the Federal Deposit Insurance Act (12 U.S.C. 1818 (b)) is amended by adding at the end thereof the following new paragraph:

"(4) This subsection and subsections (c), (d), (h), (i), (k), (l), (m), and (n) of this section shall apply to any foreign bank or company to which subsection (a) of section 8 of the International Banking Act of 1978 applies and to any subsidiary (other than a bank) of any such foreign bank or company in the same manner as they apply to a bank holding company and any subsidiary thereof (other than a bank) under subparagraph (3) of this subsection. For the purposes of this subparagraph, the term 'subsidiary' shall have the meaning assigned to it in section 2 of the Bank Holding Company Act of 1956.".

Amendment to the Banking Act of 1933
SEC. 12.

Section 21 of the Banking Act of 1933 (12 U.S.C. 378) is amended by striking clause (B) of paragraph (2) of subsection (a) thereof and inserting in lieu thereof the following: "(B) shall be permitted by the United States, any State, territory, or district to engage in such business and shall be subjected by the laws of the United States, or such State, territory, or district to examination and regulations or,".

Regulation and Enforcement
SEC. 13.

(a) The Comptroller, the Board, and the Federal Deposit Insurance Corporation, are authorized and empowered to issue such rules, regulations, and orders as each of them may deem necessary in order to perform their respective duties and functions under this Act and to administer and carry out the provisions and purposes of this Act and prevent evasions thereof.

(b) In addition to any powers, remedies, or sanctions otherwise provided by law, compliance with the requirements imposed under this Act or any amendment made by this Act may be enforced under section 8 of the Federal Deposit Insurance Act by any appropriate Federal banking agency as defined in that Act.

(c) In the case of any provision of the Federal Reserve Act to which a foreign bank or branch thereof is subject under this Act, and which is made applicable to nonmember insured banks by the Federal Deposit Insurance Act, whether by cross-reference to the Federal Reserve Act or by a provision in substantially the same terms in the Federal Deposit Insurance Act, the administration, interpretation, and enforcement of such provision, insofar as it relates to any foreign bank or branch thereof as to which the Board is an appropriate Federal banking agency, are vested in the Board, but where the making of any report to the Board or a Federal Reserve bank is required under any such provision, the Federal Deposit Insurance Corporation may require that a duplicate of any such report be sent directly to it. This subsection shall not be construed to impair any power of the Federal Deposit Insurance Corporation to make regular or special examinations or to require special reports.

Report on McFadden Act
SEC. 14.

(a) The President, in consultation with the Attorney General, the Secretary of the Treasury, the Board, the Comptroller, and the Federal Deposit Insurance Corporation, shall transmit a report to the Congress containing his recommendations concerning the applicability of the McFadden Act to the present financial, banking, and economic environment, including an analysis of the effects of any proposed amendment to such Act on the structure of the banking industry and on the financial and economic environment in general.

(b) The report required by subsection (a) shall be transmitted to the Congress not later than one year after the date of enactment of this Act.

Approved September 17, 1978

II. EIN GESETZ

zur bundesgesetzlichen Regelung der Tätigkeiten von Auslandsbanken auf dem inländischen Geld- und Kapitalmarkt. Erlassen durch den Senat und das Repräsentantenhaus der Vereinigten Staaten von Amerika, versammelt im Kongreß.

Kurztitel, Definitionen und Auslegungsregeln

§ 1

(a) Dieses Gesetz wird als „Internationales Bankgesetz 1978" zitiert.

(b) Im Sinne dieses Gesetzes

1. ist eine „agency" jede Geschäftsstelle oder Niederlassung einer Auslandsbank in einem Staat der USA, bei der im Zusammenhang mit Bankgeschäften stehende oder aus solchen herrührende Guthaben unterhalten werden, bei der Schecks eingelöst werden oder Geld ausgeliehen wird, bei der jedoch keine Einlagen von Bürgern und Einwohnern der USA angenommen werden dürfen;

2. ist der „Board" der Board of Governors of the Federal Reserve System;

3. ist eine „Filiale" jede Geschäftsstelle oder Niederlassung einer Auslandsbank in einem Staat der USA, bei der Einlagen angenommen werden;

4. ist der „Comptroller" der Comptroller der Umlaufmittel[1];

5. ist eine „agency nach Bundesrecht" eine nach § 4 dieses Gesetzes gegründete und betriebene agency einer Auslandsbank;

6. ist eine „Filiale nach Bundesrecht" eine nach § 4 dieses Gesetzes gegründete und betriebene Filiale einer Auslandsbank;

7. ist eine „Auslandsbank" jede Gesellschaft, die nach dem Recht eines ausländischen Staates oder eines Territoriums der USA, Puerto Ricos, Guams, Amerikanisch Samoas, oder den Virgin Islands gegründet wurde und das Bankgeschäft betreibt, sowie jede nach solchem Recht gegründete Tochter- oder Beteiligungsgesellschaft einer solchen Gesellschaft. Der Begriff „Auslandsbank" im Sinne dieses Gesetzes erfaßt ohne Einschränkungen ausländische Geschäftsbanken[2], ausländische merchant-banks und andere ausländische Institute, die solche Banktätigkeiten ausüben, die gewöhnlich in den Ländern, in denen diese ausländischen Institute gegründet wurden oder betrieben werden, mit dem Bankgeschäft in Verbindung stehen;

8. ist ein „ausländischer Staat" jeder andere Staat als die Vereinigten Staaten einschließlich dessen Kolonien, Protektoraten oder Besitzungen;

9. ist eine „Kredit-Gesellschaft" jedes nach dem Recht eines Bundesstaates der Vereinigten Staaten oder des District of Columbia gegründete Institut, mit Ausnahme der nach § 25 Federal Reserve Act betriebenen Banken oder Organisationen, das im Zusammenhang mit Bankgeschäften stehende oder von solchen herrührende Guthaben führt und das Kundenkreditgeschäft betreibt;

---

1) Beamter beim Schatzamt, der die nationalen Banken überwacht und die Zentralbanknoten ausgibt.

2) Banken für das Depositen- und Darlehensgeschäft.

10. ist ein „Staat" jeder Einzelstaat der Vereinigten Staaten oder der Bundesdistrict Columbia;

11. ist eine „agency nach Staatenrecht" eine nach dem Recht eines Einzelstaates gegründete und betriebene Vertretung einer Auslandsbank;

12. ist eine „Filiale nach Staatenrecht" eine nach dem Recht eines Einzelstaates gegründete und betriebene Filiale einer Auslandsbank;

13. werden die Begriffe „Bank", „Bank Holding Gesellschaft", „Gesellschaft", „beherrschender Einfluß" und „Tochtergesellschaft" im gleichen Sinn wie im Bank Holding Company Act 1956 verwendet; die Begriffe „beherrscht" und „herrschend" sind im Einklang mit dem Begriff „beherrschender Einfluß", wie er in § 2 Bank Holding Company Act bestimmt ist, auszulegen;

14. ist „konsolidiert" zu verstehen als konsolidiert in Übereinstimmung mit den allgemein anerkannten und ständig angewandten Grundsätzen der Rechnungsprüfung in den Vereinigten Staaten.

Directors der Banken mit Bundeszulassung

§ 2

§ 5146 der Revised Statutes (12 U.S.C. 72) wird durch Streichung des Punktes am Ende seines ersten Satzes und durch Hinzufügen der folgenden neuen Bestimmung ergänzt: „mit der Ausnahme, daß bei einem Institut, das eine Tochter- oder Beteiligungsgesellschaft einer Auslandsbank ist, der Comptroller nach seinem Ermessen auf das Erfordernis der Staatsangehörigkeit verzichten kann, wenn dies lediglich eine Minderheit der Boardmitglieder betrifft".

Edge-Act-Gesellschaften

§ 3

(a) Zweck dieser Vorschrift ist die Änderung oder Aufhebung derjenigen Bestimmungen in § 25 (a) Federal Reserve Act, die (1) in ausländischem Eigentum stehende Bankinstitute unterschiedlich behandeln, (2) Gesellschaften, die nach § 25 (a) Federal Reserve Act organisiert sind, in ihrem Wettbewerb mit in ausländischem Eigentum stehenden Bankinstituten innerhalb und außerhalb der USA benachteiligen, unnötig beschränken oder einschränken oder (3) die Verwirklichung der Zielsetzung des Kongresses, wie sie in § 25 (a) Federal Reserve Act, ergänzt durch Absatz (b) dieser Vorschrift, zum Ausdruck gebracht wird, behindern. Der Kongreß ist der Ansicht, daß der Board zur Förderung dieser Zielsetzung seine nach § 25 (a) Federal Reserve Act erlassenen Verordnungen und Auslegungsgrundsätze überprüfen und abändern sollte, um alle Beschränkungen, Bedingungen oder Einschränkungen, die § 25 (a) Federal Reserve Act in seiner ergänzten Fassung nicht erfordert, aufzuheben oder zu ändern, die (1) im ausländischen Eigentum stehende Bankinstitute unterschiedlich behandeln, (2) Gesellschaften, die nach § 25 (a) Federal Reserve Act organisiert sind, in deren Wettbewerb mit im ausländischen Eigentum stehenden Bankinstituten innerhalb und außerhalb der USA benachteiligen, unnötig beschränken oder einschränken, oder (3) die Verwirklichung der Zielsetzung des Kongresses, wie sie in § 25 (a) Federal Reserve Act, ergänzt durch Abs. (b) dieser Vorschrift, zum Ausdruck gebracht wird, behindern. Verordnungen aufgrund dieses Absatzes und aufgrund § 25 (a) Federal Reserve Act sind innerhalb von 150 Tagen vom Tage des Inkrafttretens dieser Vorschrift an zu erlassen; vom Tage dieses Erlasses an sind sie innerhalb von 120 Tagen in ihrer endgültigen Fassung zu erlassen und in Kraft zu setzen.

(b) § 25 (a) Federal Reserve Act wird durch Hinzufügen des folgenden neuen Absatzes nach dem ersten Absatz ergänzt (12 U.S.C. 611):

„Der Kongreß erklärt hiermit zum Zweck dieser Vorschrift, die Gründung internationaler Bank- und Finanzgesellschaften mit hinreichend weiten Befugnissen unter bundesstaatlicher Aufsicht zu gewährleisten, um diese in die Lage zu setzen, wirksam mit vergleichbaren, im ausländischen Eigentum stehenden Instituten innerhalb und außerhalb der USA konkurrieren zu können; den amerikanischen Exporteuren und Importeuren im besonderen, sowie dem Handel, der Industrie, und der Landwirtschaft in den Vereinigten Staaten im allgemeinen zu jeder Zeit Mittel zur Finanzierung des internationalen Handels und besonders der amerikanischen Exporte an die Hand zu geben; die Beteiligung von regionalen und kleinen Banken in den Vereinigten Staaten beim Anbieten von internationalen Bank- und Finanzdienstleistungen gegenüber allen Bereichen der amerikanischen Landwirtschaft, des Handels und der Industrie und besonders gegenüber kleinen Unternehmen und Landwirtschaftsbetrieben zu fördern; den Wettbewerb unter den Anbietern von internationalen Bank- und Finanzdienstleistungen in den USA anzuregen, und zusammen mit jeder der vorgenannten Zielsetzungen die Exporte von US-Gütern, -Waren, -Artikeln, -Rohstoffen und -Dienstleistungen zu erleichtern und zu fördern, um im internationalen Handel eine angemessene Stellung zu erlangen. In Übereinstimmung mit den im vorangehenden Satz erklärten Zwecken und zu deren Förderung hat der Board of Governors of the Federal Reserve System aufgrund dieser Vorschrift Rechtsverordnungen zu erlassen und diese entsprechend den erklärten Zwecken wenigstens einmal innerhalb von fünf Jahren zu überprüfen und zu ändern, um zu gewährleisten, daß die Zwecke unter den jeweils herrschenden wirtschaftlichen Bedingungen und Bankpraktiken gefördert werden; die erste Fünfjahresfrist beginnt am Tage des Inkrafttretens der aufgrund § 3 (a) International Banking Act 1978 erlassenen Rechtsverordnungen."

(c) Der zweite Satz des vierten Absatzes von § 25 (a) Federal Reserve Act (12 U.S.C. 614) wird nach „directors zu wählen und zu bestellen" durch Streichung von „die alle die US-Staatsbürgerschaft haben müssen" geändert.

(d) Der erste Satz des sechsten Absatzes von § 25 (a) Federal Reserve Act (12 U.S.C. 615 [a]) wird durch Streichung von „wobei die sich daraus ergebenden Verbindlichkeiten auf keinen Fall zu irgendeiner Zeit den zehnfachen Betrag ihres Grundkapitals und ihrer Rücklagen übersteigen dürfen", und der erste Satz des zwölften Absatzes von § 25 (a) Federal Reserve Act (12 U.S.C. 618) wird durch Setzen eines Punktes nach „und in § 25 Federal Reserve Act in seiner ergänzten Fassung" und durch Streichung des darauffolgenden restlichen Teils des Satzes geändert.

(e) Der dritte Satz des sechsten Absatzes von § 25 (a) Federal Reserve Act (12 U.S.C. 615 [a]) wird durch Streichung von „aber in keinem Fall weniger als 10 % seiner Einlagen" und durch Einfügen an dieser Stelle von „für Mitgliedsbanken des Zentralbankensystems" geändert.

(f) Der dreizehnte Absatz von § 25 (a) Federal Reserve Act (12 U.S.C. 619) wird aufgehoben und der folgende Absatz an seiner Stelle eingefügt:

„Soweit in dieser Vorschrift nichts anderes bestimmt ist, muß die Mehrheit der Anteilsrechte am Grundkapital einer solchen Kapitalgesellschaft zu jeder Zeit von Bürgern der Vereinigten Staaten, von Kapitalgesellschaften, die sich im Mehrheitsbesitz von Bürgern der Vereinigten Staaten befinden und nach dem Recht der Vereinigten Staaten oder eines ihrer Einzelstaaten gegründet sind, oder von Unternehmen oder Gesellschaften, die im Mehrheitsbesitz von Bürgern der Vereinigten Staaten stehen, gehalten werden und sich in deren Eigentum befinden. Unbeschadet anderweitiger Bestimmungen dieser Vorschrift dürfen eine oder mehrere Auslandsbanken sowie Institute, die nach dem Recht eines ausländischen Staates gegründet und Eigentümer einer oder mehrerer ausländischer Banken sind oder diese beherrschen, oder Banken, die nach dem Recht der Vereinigten Staaten, eines ihrer Einzelstaaten oder des District of Columbia errichtet sind und sich im Mehrheitsbesitz einer solchen ausländischen Bank oder eines solchen ausländischen Instituts befinden, mit vorheriger Zustimmung des Board of Governors of the Federal Reserve System gemäß dessen Auflagen und Bedingungen sowie dessen Regelungen und Verordnungen 50 % oder mehr der Anteilsrechte am Grundkapital einer nach dieser Vorschrift errichteten Kapitalgesellschaft als Eigentum haben; eine solche Kapitalgesellschaft unterliegt denselben gesetzlichen Bestimmungen wie jede andere nach dieser Vorschrift errichtete Kapitalgesellschaft; die Begriffe „Beherrschung" und „Mehrheitsbeteiligung" sind im Einklang mit dem Begriff „Beherrschung", wie er in § 2 Bank Holding Act 1956 bestimmt ist, auszulegen. Im vorangehenden Satz dieses Absatzes wird der Begriff „Auslandsbank" in der ihm durch den International Banking Act 1978 gegebenen Bedeutung verwendet".

(g) Der Board hat innerhalb von 270 Tagen vom Tage des Inkrafttretens dieses Gesetzes an dem Kongreß seine Empfehlungen darüber mitzuteilen, ob Kapitalgesellschaften, die nach § 25 oder § 25 (a) Federal Reserve Act errichtet wurden und nach diesen Vorschriften betrieben werden, Mitglieder von Federal Reserve banks werden dürfen.

(h) Der Board hat als einen Teil seines nach § 10 Federal Reserve Act zu erstellenden Jahresberichts eine Beurteilung der Auswirkungen der durch dieses Gesetz vorgenommenen Änderungen auf die Kapitalausstattung und Tätigkeiten der nach § 25 oder 25 (a) Federal Reserve Act errichteten oder betriebenen Kapitalgesellschaften sowie auf die Geschäftsbanken und das Bankensystem aufzunehmen.

Filialen und agencies nach Bundesrecht

§ 4

(a) Soweit in § 5 nichts anderes bestimmt ist, darf eine Auslandsbank, die unmittelbar Bankgeschäfte außerhalb der Vereinigten Staaten betreibt, mit der Genehmigung des Comptroller eine oder mehrere Filialen oder agencies nach Bundesrecht in jedem Staat gründen, (1) in dem sie noch keine Filiale oder agency nach dem Recht dieses Staates betreibt und (2) in dem die Gründung einer Filiale oder einer agency durch eine Auslandsbank nach dem Recht dieses Staates nicht verboten ist.

(b) Bei Gründung und Betrieb einer Filiale oder agency nach Bundesrecht unterliegt eine Auslandsbank all den Rechtsverordnungen und Anordnungen, die dem Comptroller zur Durchführung dieser Vorschrift geeignet erscheinen; diese müssen Bestimmungen über die Zustellung von Schriftstücken sowie die getrennte Führung der Filial- und agency-Konten von den Konten der Mutterbank enthalten. Soweit in diesem Gesetz oder den vom Comptroller in Durchführung dieser Vorschrift erlassenen Rechtsverordnungen oder Anordnungen nicht ausdrücklich etwas anderes bestimmt ist, genießt eine Auslandsbank bei der Geschäftstätigkeit in einer Filiale oder agency nach Bundesrecht die gleichen Rechte und Vorzüge wie eine am selben Ort tätige Bank mit Bundeszulassung und unterliegt in vollem Umfang denselben Pflichten, Beschränkungen, Strafbestimmungen, Haftungsbestimmungen, Bedingungen und Einschränkungen, die nach dem National Bank Act auf eine am selben Ort tätige Bank mit Bundeszulassung Anwendung finden würden, mit folgenden Ausnahmen: (1) die Erfordernisse des § 5240 Revised Statutes (12 U.S.C. 481) werden von einer Filiale oder agency nach Bundesrecht dann erfüllt, wenn sie wenigstens einmal in jedem Kalenderjahr geprüft wird; (2) werden Begrenzungen oder Beschränkungen nach dem Grundkapital und den Reserven einer Bank mit Bundeszulassung bemessen, so ist bei deren Anwendung auf eine Filiale oder agency nach Bundesrecht auf den Dollar-Gegenwert des Kapitals und der Reserven der Auslandsbank abzustellen; hat eine Auslandsbank mehr als eine Filiale oder agency nach Bundesrecht, so werden für die Feststellung, ob die Begrenzung eingehalten wird, die Geschäfte aller dieser Filialen und agencies zusammengefaßt; (3) eine Filiale oder agency nach Bundesrecht ist nicht verpflichtet, Mitgliedsbank im Sinne des § 1 Federal Reserve Act zu werden; (4) eine Filiale oder agency nach Bundesrecht ist nicht verpflichtet, eine versicherte Bank im Sinne des § 3 (h) Federal Deposit Insurance Act zu werden.

(c) Bei der Entscheidung über einen Antrag hinsichtlich der Gründung einer Filiale oder agency nach Bundesrecht hat der Comptroller die Auswirkungen des Vorhabens auf den Wettbewerb im Binnen- und Außenhandel der Vereinigten Staaten, die finanziellen und personellen Mittel als auch die Zukunftsaussichten der antragstellenden Auslandsbank und der Filiale oder agency sowie die Vorteile und den Bedarf des Personenkreises zu beachten, dem Dienstleistungen erbracht werden sollen.

(d) Unbeschadet anderweitiger Bestimmungen dieser Vorschrift darf eine Auslandsbank durch eine agency nach Bundesrecht weder Einlagen annehmen noch als Treuhänder tätig werden. Eine Auslandsbank darf jedoch bei einer agency nach Bundesrecht für Rechnung anderer Guthaben führen, die mit der Ausübung ihrer rechtmäßigen Befugnisse verbunden sind oder sich aus dieser ergeben.

(e) Eine Auslandsbank darf nicht gleichzeitig in demselben Einzelstaat eine Filiale nach Bundesrecht und eine agency nach Bundesrecht unterhalten.

(f) Jede Filiale oder agency, die von einer Auslandsbank in einem Einzelstaat nach dem Recht dieses Staates betrieben wird, und jede Kreditgesellschaft, die von einer Auslandsbank beherrscht wird, darf mit Genehmigung des Comptroller in eine Filiale oder agency nach Bundesrecht umgewandelt werden. Erfolgt eine Umwandlung nach diesem Absatz, so sind alle Verbindlichkeiten einer Auslandsbank, die zuvor bei der Filiale oder agency nach Staatenrecht zahlbar waren, oder alle Verbindlichkeiten der Kreditgesellschaft danach durch die Auslandsbank bei der nach diesem Absatz errichteten Filiale oder agency zahlbar.

(g) (1) Bei Eröffnung einer Filiale oder agency nach Bundesrecht in einem Einzelstaat und in der darauf folgenden Zeit muß eine Auslandsbank zusätzlich zu den nach § 6 dieses Gesetzes erforderlichen Einlagen gemäß den vom Comptroller erlassenen Rechtsverordnungen bei einer von ihr bestimmten Mitgliedsbank Dollareinlagen oder Anlagepapiere der Art halten, die Banken mit Bundeszulassung für ihre eigenen Konten gemäß § 5136 Abs. 7 Revised Statutes in seiner ergänzten Fassung halten können, und zwar in der im folgenden festgesetzten Höhe. Eine solche Depotbank muß ihren Sitz in dem Einzelstaat haben, in dem die Filiale oder agency ihren Sitz hat, und bedarf, sofern es sich um eine Bank mit Bundeszulassung handelt, der Anerkennung durch den Comptroller oder, sofern es sich um eine Bank nach Staatenrecht handelt, der Anerkennung durch den Board of Governors of the Federal Reserve System.

(2) Die Gesamtsumme der deponierten Anlagepapiere (bewertet auf der Grundlage des Nenn- oder Marktwertes, je nachdem welcher von beiden niedriger ist) und der Dollareinlagen für jede nach dieser Vorschrift gegründete und betriebene Filiale oder agency darf nicht weniger sein als der jeweils höhere Betrag von entweder (1) dem Kapital (ohne Reserven), das für eine an diesem Ort betriebene Bank mit Bundeszulassung erforderlich wäre, oder von (2) 5 % der Gesamtverbindlichkeiten einer solchen Filiale oder agency einschließlich Akzepte jedoch unter Ausschluß der (A) aufgelaufenen Kosten und (B) fälligen Beträge und sonstigen Verbindlichkeiten gegenüber Geschäftsstellen, Filialen, agencies und Tochtergesellschaften der Auslandsbank. Der Comptroller kann verlangen, daß die gemäß diesem Absatz eingelegten Vermögenswerte in solcher Höhe[3] gehalten werden, die er jeweils zur Erhaltung einer gesunden Vermögenslage, zum Schutz der Einleger und im öffentlichen Interesse für notwendig oder wünschenswert hält; solche zusätzlichen Beträge dürfen jedoch in keinem Fall höher sein, als erforderlich ist, um der allgemein anerkannten Bankpraxis zu entsprechen, wie sie bei Banken in dem Gebiet, in dem die Filiale oder agency ihren Sitz hat, geübt wird.

(3) Das Depot muß bei einer solchen Mitgliedsbank entsprechend einer Depotvereinbarung in einer solchen Form und unter solchen Einschränkungen und

3) Also über die in Satz 1 bestimmten Mindestbeträge hinausgehend.

Bedingungen, wie sie der Comptroller vorschreibt, gehalten werden. Solange eine Auslandsbank ihr Geschäft im Rahmen des üblichen Geschäftsverlaufs fortführt, darf sie jedoch Erträge aus diesen Anlagepapieren und Geldanlagen einziehen und von Zeit zu Zeit diese Anlagepapiere einer Bewertung unterziehen und sie ersetzen.

(4) Gemäß den vom Comptroller bestimmten Bedingungen und Voraussetzungen, muß jede Auslandsbank in jedem Einzelstaat, in dem sie eine Filiale oder agency nach Bundesrecht hat, Vermögenswerte von der Art und der Höhe halten, wie sie der Comptroller im Wege allgemeiner oder spezieller Richtlinien und Rechtsverordnungen für die Erhaltung einer gesunden Finanzlage und zum Schutze der Einleger, Gläubiger und des öffentlichen Interesses für notwendig und wünschenswert erklärt. Bei der Entscheidung darüber, ob die Anforderungen hinsichtlich der Vermögenswerte erfüllt sind, hat der Comptroller zu berücksichtigen (A) die Vermögenswerte, die nach Ziffer 1 und Ziffer 2 dieses Absatzes gehalten werden müssen, (B) die Reserven, die nach § 7 (a) dieses Gesetzes gehalten werden müssen und (C) die Vermögenswerte und Verpflichtungsscheine, die der Federal Insurance Corporation verpfändet sind bzw. bei ihr zahlbar sind, um die Auszahlung inländischer Einlagen zu sichern. Der Comptroller kann unterschiedliche Anforderungen an Vermögenswerte bei Filialen und agencies in den verschiedenen Staaten stellen, um gleiche Wettbewerbsbedingungen von Filialen oder agencies nach Bundesrecht mit den Filialen und agencies nach Staatenrecht und den inländischen Banken in diesen Einzelstaaten sicherzustellen.

(h) Eine Auslandsbank mit einer Filiale oder agency nach Bundesrecht in einem Einzelstaat darf (1) mit vorheriger Erlaubnis des Comptroller zusätzliche Filialen oder agencies in dem Einzelstaat, in dem die Filiale oder agency ihren Sitz hat, unter denselben Voraussetzungen und Bedingungen und unter denselben Beschränkungen und Einschränkungen gründen, die Anwendung fänden auf die Filialgründung einer Bank mit Bundeszulassung mit Hauptsitz an demselben Ort innerhalb dieses Einzelstaates, an dem die Erstfiliale oder agency einer solchen Auslandsbank ihren Sitz hat, und darf (2) die Umbestimmung ihrer Erstfiliale oder agency in eine andere Filiale oder agency unter denselben Beschränkungen und Einschränkungen vornehmen, die auf eine Änderung der Bestimmung einer Hauptgeschäftsstelle einer Bank mit Bundeszulassung Anwendung fänden, wenn diese Hauptgeschäftsstelle an demselben Ort wie die Erst-Filiale oder agency liegt.

(i) Die Erlaubnis zum Betreiben einer Filiale oder agency nach Bundesrecht erlischt, wenn die ausländische Muttergesellschaft sie freiwillig aufgibt, wenn die ausländische Muttergesellschaft aufgelöst wird oder wenn deren Berechtigung oder Bestehen auf andere Weise in dem Land, in dem sie gegründet wurde, erloschen ist oder beendet worden ist. Ist (1) der Comptroller zu irgendeiner Zeit der Ansicht oder hat er gute Gründe für die Annahme, daß eine solche Auslandsbank eine der Bestimmungen dieser Vorschrift oder eine der aufgrund dieser Vorschrift vom Comptroller erlassenen Rechtsverordnung oder Anordnung verletzt hat oder solchen Bestimmungen nicht entsprochen hat oder (2) ist ein Vermögensverwalter für eine solche Auslandsbank bestellt worden oder ist ein ähnliches Verfahren in dem Land, in dem die Auslandsbank gegründet ist, eingeleitet worden, so ist der Comptroller berechtigt, nach Gewährung der Gelegenheit zur Anhörung die Erlaubnis der Auslandsbank zum Betreiben einer Filiale oder agency nach Bundesrecht zu widerrufen. Der Comptroller kann nach seinem Ermessen die Gelegenheit zur Anhörung verweigern, wenn nach seiner Entscheidung eine solche Verweigerung im öffentlichen Interesse liegt. Der Comptroller kann jede Erlaubnis wieder in Kraft setzen, wenn ausreichender Beweis dafür erbracht wird, daß den Bestimmungen dieser Vorschrift und der Rechtsverordnungen und Anordnungen entsprochen wurde.

(j) (1) Widerruft der Comptroller die Erlaubnis einer Auslandsbank zum Betreiben einer Filiale oder agency nach Bundesrecht, oder hat ein Gläubiger einer solchen Auslandsbank vor einem ordentlichen Gericht der USA oder eines Staates der USA gegen die Auslandsbank ein Urteil aus einem Geschäft mit der Filiale oder agency nach Bundesrecht erwirkt und unter Beifügung einer Bescheinigung des Gerichts, daß das Urteil verkündet und die geschuldete Leistung auch nach Ablauf von 30 Tagen nicht erbracht worden ist, einen entsprechenden Antrag gestellt, oder gelangt der Comptroller zu der Überzeugung, daß die Auslandsbank zahlungsunfähig ist, so ist er berechtigt, nach angemessener Prüfung der Lage der Bank in jedem der genannten Fälle einen gerichtlichen Vermögensverwalter zu bestellen, der das gesamte Vermögen der Auslandsbank in den Vereinigten Staaten in Besitz nimmt und dieselben Rechte, Vorrechte, Befugnisse und Vollmachten darüber ausübt, wie die vom Comptroller für Banken mit Bundeszulassung bestellten gerichtlichen Vermögensverwalter.

(2) Ist in einem nach diesem Absatz (j) eröffneten Zwangsabwicklungsverfahren an jeden Einleger und Gäubiger der Auslandsbank, dessen Forderungen festgestellt und zugelassen worden sind, der volle Betrag auf die aus Geschäften mit einer Filiale oder agency der in einem Staat der Vereinigten Staaten ansässigen Auslandsbank herrührenden Foderungen gezahlt worden mit Ausnahme jedoch (A) solcher Ansprüche, die gegenüber der Filiale oder agency auch dann nicht einklagbar wären, wenn diese Filiale oder agency eigene Rechtspersönlichkeit hätte, und (B) der fälligen Beträge und sonstigen Verbindlichkeiten gegenüber anderen Geschäftsstellen, Filialen oder agencies der Auslandsbank und ihrer Tochtergesellschaften, an denen sie alle Anteile hält (unbeschadet einer nominellen Anzahl von Aktien in Händen der directors), sowie mit Ausnahme aller Kosten der Zwangsabwicklung, so hat der Comptroller oder die Federal Deposit Insurance Corporation, wenn diese zum Zwangsverwalter für die Auslandsbank bestellt worden ist, den verbleibenden Rest der Vermögenswerte und Erträge der Auslandsbank an die Zentralverwaltung der Auslandsbank oder an den ordnungsgemäß ernannten Konkursverwalter oder Zwangsverwalter der Auslandsbank in deren Heimatstaat herauszugeben.

Grenzüberschreitende Bankgeschäfte

§ 5

(a) Soweit Absatz (b) nichts anderes bestimmt (1) darf eine Auslandsbank unmittelbar oder mittelbar eine Filiale nach Bundesrecht außerhalb ihres Heimatstaates nur gründen und betreiben, wenn (A) deren Betrieb ausdrücklich von dem Einzelstaat, in dem sie unterhalten werden soll, erlaubt wird und (b) die Auslandsbank sich dem Board gegenüber durch Vertrag oder Erklärung verpflichtet, nur solche Einlagen am Sitz des Geschäftsbetriebes dieser Filiale nach Bundesrecht anzunehmen, die eine nach § 25 (a) Federal Reserve Act gegründete Gesellschaft nach den Rechtsverordnungen des Board annehmen darf; (2) darf eine Auslandsbank unmittelbar oder mittelbar eine Filiale nach Staatenrecht außerhalb ihres Heimatstaates nur gründen und betreiben, wenn sie (A) von der Bankenaufsichtsbehörde des Einzelstaates, in dem die Filiale betrieben werden soll, genehmigt worden ist, und wenn (B) die Auslandsbank sich dem Board durch Vertrag oder Erklärung verpflichtet, nur solche Einlagen am Sitz des Geschäftsbetriebes dieser Filiale nach Staatenrecht anzunehmen, die eine nach § 25 (a) des Federal Reserve Act gegründete Gesellschaft nach den vom Board erlassenen Rechtsverordnungen annehmen darf; (3) darf eine Auslandsbank unmittelbar oder mittelbar eine agency nach Bundesrecht außerhalb ihres Heimatstaates nur gründen und betreiben, wenn der Betrieb ausdrücklich von dem Einzelstaat, in dem sie betrieben werden soll, erlaubt wird; (4) darf eine Auslandsbank unmittelbar oder mittelbar eine agency nach Staatenrecht oder eine Kreditgesellschaft als Tochtergesellschaft außerhalb ihres Heimatstaates nur gründen und betreiben, wenn die Gründung und der Betrieb von der Bankenaufsichtsbehörde des Einzelstaates, in dem sie betrieben werden soll, erlaubt wird; (5) darf eine Auslandsbank weder unmittelbar noch mittelbar an einer Bank mit Sitz außerhalb ihres Heimatstaates stimmberechtigte Anteile oder Beteiligungen oder alle deren wesentliche Vermögenswerte erwerben, wenn ein solcher Erwerb nach § 3 Bank Holding Company Act 1956 für eine Auslandsbank verboten wäre, deren Bank-Tochtergesellschaften hauptsächlich in dem Heimatstaat der Auslandsbank ihren Betrieb führen. Unbeschadet anderweitiger gesetzlicher Bestimmungen des Bundes oder der Einzelstaaten, gelten die Erfordernisse der pflichtweisen Sicherung von Einlagen durch die Federal Deposit Insurance Corporation nicht für solche Einlagen, die von Filialen nach Bundes- oder Staatenrecht unter den durch Vertrag oder Erklärung gemäß diesem Absatz auferlegten Beschränkungen angenommen worden sind.

(b) Unbeschadet der Begrenzungen und Beschränkungen nach Absatz (a) dieser Vorschrift darf eine Auslandsbank außerhalb ihres Heimatstaates jede Filiale nach Staatenrecht, jede agency nach Staatenrecht, oder jede Tochtergesellschaft einer Bank oder Kreditgesellschaft gründen und betreiben, die am 27. Juli 1978 oder früher rechtmäßig ihren Betrieb aufgenommen hatte oder für die zu dieser Zeit wirksam ein Antrag auf Eröffnung des Geschäftsbetriebs bei der jeweils zuständigen Staaten- oder Bundesbehörde gestellt worden war, es sei denn, der Auslandsbank ist die Erlaubnis dazu nach anderen Bestimmungen als denen dieser Vorschrift entzogen worden.

(c) Heimatstaat einer Auslandsbank, die Filialen, agencies, Tochterbanken, Tochter-Kreditgesellschaften oder eine beliebige Verbindung solcher Institute in mehr als einem Einzelstaat unterhält, ist im Sinne dieses Gesetzes derjenige Einzelstaat, der durch Wahl der Auslandsbank oder mangels einer solchen durch Wahl des Board dazu bestimmt wird.

Einlagensicherung

§ 6

(a) Eine ausländische Bank darf eine Filiale nach Bundesrecht, die weniger als 100 000 Dollar Einlagen annimmt, nur gründen oder betreiben, wenn die Filiale eine versicherte Filiale im Sinne von § 3 (s) Federal Deposit Insurance Act ist, oder wenn der Comptroller im Hinblick auf die Größe und Art der Einleger und der Einlagenkonten durch Verfügung oder Verordnung feststellt, daß die Filiale sich nicht am inländischen Kleineinlagengeschäft beteiligt.

(b) Vom Tage nach Inkrafttreten dieses Gesetzes an darf eine ausländische Bank in einem Einzelstaat, in dem die Einlagen bei einer nach dem Recht dieses Staates gegründeten und betriebenen Bank versichert sein müssen, eine Filiale nur noch gründen und nach Ablauf eines Jahres von diesem Tage an nur noch betreiben, wenn die Filiale eine versicherte Filiale im Sinne des § 3 (s) Federal Deposit Insurance Act ist, oder wenn die Filiale von diesem Zeitpunkt an keine Einlagen unter 100000 Dollar mehr annimmt, oder wenn die Federal Deposit Insurance Corporation im Hinblick auf die Größe und Art der Einleger und der Einlagenkonten durch Verfügung oder Verordnung feststellt, daß die Filiale sich nicht an dem inländischen Kleineinlagengeschäft beteiligt, das der Einlagensicherung bedarf. Unbeschadet der Bestimmungen des voranstehenden Absatzes darf eine Filiale einer Auslandsbank, die am Tage des Inkrafttretens dieses Gesetzes bereits betrieben wurde und die am 17. September 1979 gemäß § 5 Federal Deposit Insurance Act die Einlagenversicherung nach Bundesrecht beantragt hat, und deren Antrag nicht abgelehnt worden ist, weiterhin im Inlandsgeschäft bis zum 31. Januar 1980 Einlagen annehmen.

(c) (1) Der Federal Deposit Insurance Act (12 U.S.C. 1811-1832) wird insoweit geändert, als dies der nachfolgende Text dieses Absatzes bestimmt; die Nummern der ohne nähere Bezeichnung angegebenen Paragraphen beziehen sich auf jenes Gesetz.

(2) § 3 (h) wird ergänzt durch Einfügen von „(einschließlich einer Auslandsbank mit einer versicherten Filiale)" im unmittelbaren Anschluß an „(h) Der Begriff „versicherte Bank" bedeutet jede Bank".

(3) § 3 (j) wird ergänzt durch Einfügen von „oder einer Filiale einer Auslandsbank" unmittelbar vor dem Punkt am Ende des Absatzes.

(4) § 3 (m) wird geändert, indem (A) der Teil „(m) Der" ersetzt wird durch „(m) (1) Vorbehaltlich der Bestimmungen des Unterabsatzes (2) dieses Absatzes bedeutet der", und indem (B) am Ende des Absatzes der folgende neue Unterabsatz hinzugefügt wird: „(2) Werden Einlagen bei einer Filiale einer Auslandsbank gehalten, so ist unter „versicherter Einlage" eine im Sinne des Unterabsatzes (1) dieses Absatzes versicherte Einlage zu verstehen, die (A) in den Vereinigten Staaten zahlbar ist an − (i) an eine natürliche Person, die Bürger oder Einwohner der Vereinigten Staaten ist, (ii) an eine partnership, Kapitalgesellschaft, Treuhand oder sonstige mit eigener Rechtspersönlichkeit ausgestattete Gesellschaft, die nach dem Recht der Vereinigten Staaten gegründet worden ist und ihre Hauptniederlassung in den Vereinigten Staaten oder einem ihrer Einzelstaaten hat, oder (iii) an jede natürliche Person, partnership, Kapitalgesellschaft, Treuhand

oder sonstige mit eigener Rechtspersönlichkeit ausgestattete Gesellschaft, in bezug auf welche der Board of Directors[4] entsprechend seinen Verordnungen festgestellt hat, daß deren in den Vereinigten Staaten getätigten Geschäfte oder bestehenden Finanzverbindungen von derartigem Ausmaß sind, daß die Versicherung einer solchen Einlage den Anforderungen dieses Gesetzes genügen müssen, und die (B) allen sonstigen Anforderungen genügt, die der Board of Directors durch Verordnung als nach seinem Darfürhalten notwendig und geeignet zur Verwirklichung der Ziele dieses Gesetzes und zur Erleichterung dessen Durchführung aufgestellt hat."

(5) § 3 (q) wird wie folgt neu gefaßt: „(q) Unter „zuständiger bundesstaatlicher Bankenbehörde" sind zu verstehen – (1) der Comptroller of the Currency, soweit es sich um eine das Bankgeschäft betreibende Gesellschaft mit Bundeszulassung, eine Distrikt Bank oder eine Filiale oder agency nach Bundesrecht einer Auslandsbank handelt; (2) der Board of Governors of the Federal Reserve System –

(A) soweit es sich um eine versicherte Mitgliedsbank mit einzelstaatlicher Zulassung (mit Ausnahme einer Distrikt Bank) handelt;

(B) soweit es sich um eine Filiale oder agency einer Auslandsbank handelt, jedoch nur hinsichtlich derjenigen Bestimmungen des Federal Reserve Act, die durch den International Banking Act 1978 auf diese erstreckt wurden;

(C) soweit es sich um eine Auslandsbank handelt, die keine versicherte Filiale unterhält;

(D) soweit es sich um eine agency oder Kreditgesellschaft handelt, mit Ausnahme einer agency nach Bundesrecht;

(E) im Falle aufsichtsrechtlicher Verfahren oder Prüfungsverfahren, die aufgrund der dem Board of Governors durch § 7 (c) (1) International Banking Act 1978 zugewiesenen Befugnis durchgeführt werden, einschließlich der nach dem Financial Institutions Supervisory Act durchgeführten Verfahren, und (3) die Federal Deposit Insurance Corporation, soweit es sich um eine versicherte Bank mit einzelstaatlicher Zulassung handelt, die keine Mitgliedsbank ist (mit Ausnahme einer Distrikt Bank), oder soweit es sich um eine Auslandsbank handelt, die eine versicherte Filiale unterhält. Nach der Bestimmung dieses Absatzes können für ein Institut auch mehr als eine Behörde zuständige bundesstaatliche Bankenbehörde sein. Im Sinne der Absätze (b) bis (n) von § 8 dieses Gesetzes gilt als „versicherte Bank" auch jede nicht versicherte Filiale oder agency einer Auslandsbank oder einer Kreditgesellschaft, die im Eigentum einer Auslandsbank steht oder von dieser abhängig ist."

(6) § 3 wird durch Anfügen der folgenden neuen Absätze an seinem Ende ergänzt:

„ (r) Die Begriffe „Auslandsbank" und „Filiale nach Bundesrecht" werden im gleichen Sinne wie im International Banking Act 1978 gebraucht.

(s) Der Begriff „versicherte Filiale" bezeichnet jede Filiale einer Auslandsbank, bei der alle dort gehaltenen Einlagen gemäß den Bestimmungen dieses Gesetzes versichert sind."

---

4) Organ der Federal Deposit Insurance Corporation.

(7) § 5 wird geändert, indem (A) an die Stelle von „§ 5" gesetzt wird „§ 5 (a)" und (B) an das Ende des Absatzes die folgenden neuen Absätze angefügt werden:

„(b) Vorbehaltlich der Bestimmungen dieses Gesetzes und der vom Board of Directors gemachten Auflagen und Bedingungen kann jede Filiale einer Auslandsbank auf einen Antrag der Bank an die Corporation[5], nach Prüfung der Filiale durch die Corporation und nach Genehmigung des Board of Directors eine versicherte Filiale werden. Vor Erteilung der Genehmigung eines solchen Antrags hat der Board of Directors zu prüfen

(1) die Finanzlage der Bank in der Vergangenheit und Gegenwart,

(2) die Angemessenheit ihrer Kapitalausstattung,

(3) die zu erwartende künftige Einnahmenentwicklung,

(4) die Zusammensetzung ihrer Geschäftsleitung, einschließlich, ohne jedoch darauf beschränkt zu sein, der Geschäftsführung der zu versichernden Filiale,

(5) den Nutzen für den Kundenkreis, dem Dienstleistungen durch die Filiale erbracht werden sollen und dessen Bedürfnis nach diesen Dienstleistungen,

(6) ob die Befugnisse der Gesellschaft, soweit sie durch die zu versichernde Filiale ausgeübt werden, mit den Zwecken dieses Gesetzes vereinbar sind oder nicht, und

(7) ob mit der Vollständigkeit und Richtigkeit der Angaben gerechnet werden kann, die die Bank gegenüber der Corporation abgibt und abzugeben hat, um diese zur Durchführung dieses Gesetzes in die Lage zu setzen.

„(c) (1) Bevor eine Filiale einer Auslandsbank eine versicherte Filiale wird, hat die Bank bei der Corporation oder nach deren Weisung Verpflichtungsscheine, eine Pfandbestellung an dem Vermögen oder beides in der Höhe und von der Art abzugeben, wie sie die Corporation jeweils für die in Unterabsatz (4) dieses Absatzes bestimmten Zwecke verlangt oder anerkennt.

(2) Ist eine Filiale einer Auslandsbank eine versicherte Filiale geworden, so hat die Bank bei der Corporation oder nach deren Weisung Verpflichtungsscheine, Vermögenswerte oder beides in der Höhe und von der Art zu halten, wie sie jeweils entsprechend den vom Board of Direktors erlassenen Regelungen festgesetzt werden. Derartige Regelungen können unterschiedliche Anforderungen auf der Grundlage aller Beurteilungsmerkmale stellen, die nach Ansicht des Board of Directors in hinreichend engem Zusammenhang mit den in Unterabsatz (4) bestimmten Zwecken stehen.

(3) Die Corporation kann von jeder Bank die Leistung höherer Einlagen an Wertpapieren oder Vermögenswerten verlangen, als von Unterabsatz (2) dieses Absatzes gefordert wird, wenn nach Ansicht der Corporation sich diese Bank oder eine ihrer Filialen in einer solchen Lage befindet oder in eine solche Lage gerät, daß die sonst von diesem Absatz geforderten Einlagen an Wertpapieren und Vermögenswerten den in Unterabsatz (4) bestimmten Zweck nicht angemessen erfüllen. Die Anordnung einer solchen zusätzlichen Auflage kann ohne Vorankündigung und ohne Gelegenheit zur Anhörung getroffen werden, jedoch hat die Corporation einer solchen Bank die Gelegenheit zu geben, die Herabsetzung

---

5) D. h. die Federal Deposit Insurance Corporation.

oder Aufhebung einer solchen angeordneten zusätzlichen Auflage zu beantragen.

(4) Zweck der nach diesem Absatz verlangten Verpflichtungscheine und Pfandrechtsbestellung an Vermögenswerten ist es, dem Einlagensicherungsfonds eine Sicherheit für die Risiken zu stellen, die mit der Versicherung der im Inland bei einer Auslandsbank gehaltenen Einlagen verbunden sind, deren Geschäftstätigkeiten, Vermögen und Personal zu einem großen Teil außerhalb der Gerichtsbarkeit der Vereinigten Staaten belegen ist. Bei der Ausübung ihrer nach diesem Absatz zugewiesenen Befugnisse hat sich jedoch die Corporation zu bemühen, die Anordnung von Auflagen gegenüber diesen Banken zu vermeiden, die diese unnötigerweise in ihrem Wettbewerb mit den im Inland gegründeten Banken benachteiligen.

(5) Werden die nach diesem Absatz (c) angeordneten Auflagen von einer Auslandsbank nicht erfüllt oder droht deren Nichterfüllung, so kann die Corporation zusätzlich zu allen anderen verwaltungsrechtlichen und gerichtlichen Maßnahmen bei einem district court der Vereinigten Staaten oder einem Gericht eines der Territorien der Vereinigten Staaten, innerhalb dessen Gerichtsbarkeit eine Filiale der Bank belegen ist, den Erlaß einer einstweiligen Verfügung beantragen mit dem Ziel, eine solche Bank und jeden leitenden Angestellten, Arbeitnehmer, Vertreter oder jede andere Person, die Vermögenswerte der Bank verwahren oder die Kontrolle darüber ausüben, zu verpflichten, an die Corporation soviele Vermögenswerte herauszugeben, wie zur Erfüllung der Auflagen erforderlich sind und alle anderen erforderlichen Maßnahmen zu ergreifen, um die Kontrolle über die so erlangten Vermögenswerte auf die Corporation zu übertragen. Stellt das Gericht fest, daß eine solche Auflage nicht erfüllt worden ist oder deren Nichterfüllung gedroht hat, ist es zum Erlaß der einstweiligen Verfügung verpflichtet. Die Verhältnismäßigkeit der Auflage unterliegt der gerichtlichen Kontrolle nur insoweit, als dies Kapitel 7 von Titel 5 des United State Code zuläßt; sie kann in dem Verfahren auf Erlaß einer einstweiligen Verfügung nach diesem Unterabsatz nicht gerügt werden".

(8) Der erste Satz von § 7 (a) (1) wird ergänzt durch Einfügen von „und jede Auslandsbank mit einer versicherten Filiale, die keine Filiale nach Bundesrecht ist", unmittelbar vor „hat an die Corporation".

(9) Der erste Satz von § 7 (a) (3) wird ergänzt (A) durch Einfügen von „und jede Auslandsbank mit einer versicherten Filiale (die keine Filiale nach Bundesrecht ist)" unmittelbar vor „hat an die Corporation" und (B) durch Einsetzen von „jede Auslandsbank mit einer versicherten Filiale, die eine Filiale nach Bundesrecht ist" unmittelbar vor „und jede versicherte District (Bank)".

(10) § 7 (a) wird ergänzt durch Anfügen des folgenden neuen Absatzes an sein Ende:

„(7) Der Board of Directors oder der Comptroller of the Currency können hinsichtlich eines jeden Berichts, dessen Abgabe oder Veröffentlichung nach diesem Absatz oder einer anderen gesetzlichen Bestimmung verlangt wird oder erlaubt ist, zwischen inländischen Banken und Auslandsbanken insoweit unterscheiden, als dies ihrer Ansicht nach vernünftigerweise erforderlich ist, um Härten zu vermeiden, und als dies erfolgen kann ohne wesentliches Nachgeben in bezug auf das Versicherungsrisiko oder die Wirksamkeit der Aufsicht und der Kontrolle".

(11) § 7 (b) wird geändert, (A) indem der Teil „(4) Die Bemessungsgrundlage für eine Bank" ersetzt wird durch „(4) (A) Vorbehaltlich der Bestimmungen des Teils (B) dieses Unterabsatzes, ist die Bemessungsgrundlage für eine Bank", und (B) indem an das Ende des Absatzes folgender neuer Unterabsatz angefügt wird:

„(B) Bei der Festsetzung der Bemessungsgrundlage und der Zusätze und Abzüge hinsichtlich der Bemessungsgrundlage für eine Auslandsbank mit einer versicherten Filiale sind solche Anpassungen vorzunehmen, die der Board of Directors durch Verordnung vorschreibt, um eine Gleichbehandlung inländischer und ausländischer Banken zu gewährleisten".

(12-13) *(erneut geändert durch § 602 Financial Institutuions Regulatory and Interest Rate Control Act vom 10. November 1978).*

(14) Der erste Satz von § 8 (a) wird ergänzt durch Einfügen von „eine Auslandsbank mit einer versicherten Filiale, die eine Filiale nach Bundesrecht ist, eine Auslandsbank mit einer versicherten Filiale, die nach § 6 (a) oder (b) des International Banking Act 1978 versichert sein muß" unmittelbar nach „(mit Ausnahme einer Mitgliedsbank mit Bundeszulassung".

(15) § 8 wird ergänzt durch Anfügen des folgenden neuen Absatzes an sein Ende:

„(r) (1) Soweit in dieser Vorschrift nicht ausdrücklich etwas anderes bestimmt wird, werden die Bestimmungen dieser Vorschrift auf Auslandsbanken entsprechend diesem Absatz angewendet.

(2) Eine außerhalb der Vereinigten Staaten vorgenommene Handlung oder ein Geschäftsbrauch einer Auslandsbank oder eines ihrer leitenden Angestellten, directors, Angestellten oder Vertreter berechtigt eine Behörde der Vereinigten Staaten zu Maßnahmen nach dieser Vorschrift nur dann,

(A) wenn die Behörde der Überzeugung ist, daß diese Handlung oder der Geschäftsbrauch für eine andere, in einem oder mehreren Einzelstaaten vorgenommene Handlung oder geübte Gepflogenheit, die eine Bundesbehörde zu Maßnahmen nach dieser Vorschrift berechtigt, ursächlich war, ursächlich ist oder ursächlich sein kann oder im Zusammenhang mit einer solchen Handlung oder Gepflogenheit steht oder diese fördert, oder

(B) wenn die behauptete Handlung oder Gepflogenheit von solcher Art ist, daß sie sich, soweit der Nachweis erbracht wird, nach Ansicht des Board of Directors auf das von der Corporation übernommene Versicherungsrisiko nachteilig auswirkt.

(3) Wird aufgrund eines nach Unterabsatz (2) dieses Absatzes erhobenen Vorwurfs eine Klage oder ein Verfahren eingeleitet mit dem Antrag, einen leitenden Angestellten, director oder eine sonstige mit einer Auslandsbank verbundene Person aus dem Amt zu entfernen, und läßt sich eine solche Person nicht sofort auf die Klage oder das Verfahren ein und kommt einer rechtskräftigen Anordnung oder einem rechtskräftigen Urteil nicht sofort nach, so stellt die bloße Weigerung der Auslandsbank, für dessen Entfernung aus dem Amt, das er bei der Bank innehat, und für dessen Ausschluß von allen ihren künftigen Geschäften Sorge zu tragen, einen Grund dar, die Versicherung der bei den Filialen der Bank gehaltenen Einlagen zu beenden.

(4) Ist die örtliche Zuständigkeit für die Einleitung eines Gerichts- oder Verwaltungsverfahrens gemäß dieser Vorschrift nach der Belegenheit der Hauptniederlassung einer Bank zu bestimmen, so bestimmt sich die örtliche Zuständigkeit für ein solches Verfahren gegen eine Auslandsbank mit einer oder mehreren Filialen oder agencies in nur einem Gerichtsbezirk oder nur einem sonstigen, die gerichtliche Zuständigkeit begründenden Gebiet nach diesem gerichtlichen Zuständigkeitsbereich. Hat eine solche Bank Filialen und agencies in mehr als einem gerichtlichen Zuständigkeitsbereich, so bestimmt sich die örtliche Zuständigkeit nach dem Zuständigkeitsbereich, in dem die an dem Verfahren beteiligte Filiale oder agency belegen ist; bestehen mehrere solche Zuständigkeiten nebeneinander, so bestimmt sich die örtliche Zuständigkeit nach dem Zuständigkeitsbereich, in dem das Verfahren eingeleitet wird oder in den es verwiesen werden kann.

(5) Jede Zustellung, die an eine Auslandsbank zu erfolgen hat oder erfolgen kann, kann in jedem Einzelstaat an jede Filiale oder agency erfolgen; erfolgt die Zustellung jedoch in einer Klage oder einem Verfahren, an denen eine oder mehrere Filialen oder agencies in irgendeinem Einzelstaat beteiligt sind, so hat die Zustellung an wenigstens eine der so beteiligten Filialen oder agencies zu erfolgen".

(16) (A) Der erste Satz von § 10 (b) wird ergänzt (i) durch Einfügen von „jede versicherte Filiale nach Staatenrecht einer Auslandsbank, jede Filiale nach Staatenrecht einer Auslandsbank, die beantragt hat, eine versicherte Bank zu werden" unmittelbar hinter „(außer einer District Bank)", und (ii) durch Einfügen von „oder Filiale" vor dem Komma nach „jede geschlossene versicherte Bank".
(B) Der zweite Satz von § 10 (b) wird ergänzt durch Einfügen von „versicherte Filiale nach Bundesrecht einer Auslandsbank" zwischen die Worte „Bank mit Bundeszulassung" und „oder District Bank".
(C) Der dritte Satz von § 10 (b) wird ergänzt durch Einfügen von „und im Falle einer Auslandsbank wird ein bindendes Versprechen dieser Bank, solche Prüfungen zuzulassen, die vom Board of Directors als notwendig zur Durchführung der Zwecke dieses Gesetzes bestimmt werden, als Bedingung für die Versicherung von Einlagen verlangt" unmittelbar vor dem Punkt am Ende des Satzes.
(17) § 11 (c) wird ergänzt durch Einfügen von „versicherte Filiale nach Bundesrecht einer Auslandsbank" unmittelbar vor „oder versicherte District Bank".
(18) Der erste Satz von § 11 (e) wird ergänzt durch Einfügen von „und jede versicherte Filiale (mit Ausnahme einer Filiale nach Bundesrecht) einer Auslandsbank" unmittelbar vor „geschlossen worden ist".
(19) Der zweite Satz von § 11 (e) wird geändert, indem der Teil „solche versicherte Bank" ersetzt wird durch „solche versicherte Bank mit Einzelstaatenzulassung oder versicherte Filiale einer Auslandsbank".
(20) § 11 (f) wird ergänzt durch Einfügen von „oder versicherte Filiale einer Auslandsbank" unmittelbar vor „geschlossen worden ist".
(21) Der erste Satz von § 11 (g) wird ergänzt durch Einsetzen von „versicherte Filiale einer Auslandsbank" unmittelbar vor „District Bank".
(22) Der dritte Satz von § 11 (g) wird geändert, indem der Teil „Im Falle einer geschlossenen versicherten Bank" ersetzt wird durch „Im Falle einer geschlosse-

nen versicherten Bank oder einer geschlossenen versicherten Filiale einer Auslandsbank".

(23) § 12 (a) wird ergänzt durch Einfügen von „Filiale einer Auslandsbank" unmittelbar nach „eine geschlossene Bank mit Bundeszulassung".

(24) § 13 wird ergänzt durch Anfügen des folgenden neuen Absatzes an sein Ende:

„(g) Die dem Board of Directors und der Coporation durch diese Vorschrift übertragenen Befugnisse, eine geschlossene versicherte Bank wiederzueröffnen oder die Schließung einer versicherten Bank abzuwenden, können auch in bezug auf eine versicherte Filiale einer Auslandsbank ausgeübt werden, wenn nach Ansicht des Board of Directors das öffentliche Interesse an der Vermeidung der Schließung einer solchen Filiale eindeutig das zusätzliche Verlustrisiko für den Sicherungsfond überwiegt, das die Ausübung dieser Befugnisse zur Folge hätte".

(25) § 18 (c) wird ergänzt durch Anfügen des folgenden neuen Unterabsatzes an sein Ende:

„(11) Die Bestimmungen dieses Absatzes finden keine Anwendung auf Fusionierungen, an denen eine ausländische Bank beteiligt ist, wenn kein Beteiligter an dieser Fusionierung Geschäftstätigkeiten in erster Linie in den Vereinigten Staaten ausübt".

(26) § 18 (d) wird ergänzt durch Einfügen des folgenden neuen Satzes unmittelbar nach dem ersten Satz: „Eine Auslandsbank darf eine versicherte Filiale nur mit einer solchen Zustimmung von einem Ort an einen anderen verlegen".

(27) Der erste Satz von § 18 (g) wird ergänzt durch Einfügen von „und bei versicherten Filialen von Auslandsbanken" unmittelbar nach „bei versicherten Banken, die keine Mitglieder sind".

(28) § 18 (j) wird ergänzt durch Anfügen des folgenden neuen Satzes an sein Ende: „Die Bestimmungen dieses Absatzes finden keine Anwendung auf eine Auslandsbank mit einer versicherten Filiale hinsichtlich der Geschäfte zwischen einer solchen Bank und einer ihrer Beteiligungsgesellschaften".

(29) § 21 wird ergänzt durch Anfügen des folgenden neuen Absatzes an sein Ende:

„(i) Die Bestimmungen dieser Vorschrift finden keine Anwendung auf eine Auslandsbank außer hinsichtlich der Geschäfte und Bücher einer versicherten Filiale einer solchen Bank".

(30) Der erste Satz von § 25 (a) wird ergänzt durch Einfügen von „versicherte Filiale einer Auslandsbank" unmittelbar nach „Keine versicherte Bank".

Ermächtigung des Federal Reserve System

§ 7

§ 7 (a) (1) (A) Soweit unter Ziffer 2 dieses Absatzes nichts anderes bestimmt ist, finden die Absätze (a), (b), (c), (d), (f), (g), (i), (j), (k) und der zweite Satz des Absatzes (e) von § 19 Federal Reserve Act auf alle Filialen und agencies nach Bundesrecht einer ausländischen Bank in der gleichen Weise und in gleichem Umfang Anwendung, als wäre die Filiale oder agency nach Bundesrecht eine Mitgliedsbank im Sinne des § 1 Federal Reserve Act; jedoch kann der Board im Wege einer allgemeinen Verordnung oder der Anordnung im Einzelfall die durch § 19 Federal Reserve Act vorgeschriebenen Mindest- und Höchstsätze der Reserven aufheben und denjenigen Reservesatz, der jedoch 22 % nicht überschreiten darf, für alle Verbindlichkeiten einer solchen Filiale oder agency nach Bundesrecht festsetzen, den er für angemessen und geeignet hält; dabei hat er die Art der von diesen Instituten betriebenen Geschäfte und die Notwendigkeit der Aufrechterhaltung eines lebhaften und fairen Wettbewerbs unter diesen Instituten und zwischen den Instituten und den Mitgliedsbanken zu beachten. Der Board kann für Filialen und agencies nach Bundesrecht die Reservesätze so staffeln, wie es ihm als angemessen und geeignet erscheint.

(B) Nach Abstimmung und im Zusammenwirken mit den einzelstaatlichen Bankenaufsichtsbehörden kann der Board alle Bestimmungen, die nach Buchstabe (A) dieses Unterabsatzes für Filialen oder agencies nach Bundesrecht gelten oder die der Board für diese erlassen kann, auch auf die Filialen oder agencies nach Staatenrecht erstrecken.

(2) Dieser Absatz findet auf eine Filiale oder agency nur Anwendung, wenn (A) deren ausländische Mutterbank mehr als 1 Milliarde Dollar weltweit konsolidierte Aktiva hat, (B) deren ausländische Mutterbank von einer ausländischen Gesellschaft beherrscht wird, die ihrerseits Auslandsbanken hält oder beherrscht, die zusammengerechnet mehr als 1 Milliarde Dollar weltweit konsolidierte Bankaktiva haben, oder (C) deren ausländische Mutterbank von einer Gruppe ausländischer Gesellschaften beherrscht wird, die zusammengerechnet mehr als 1 Milliarde Dollar weltweit konsolidierte Bankaktiva haben.

(b) § 13 Federal Reserve Act wird durch Hinzufügen folgenden neuen Absatzes ergänzt:

„Vorbehaltlich der vom Board of Governors of the Federal Reserve System erlassenen Beschränkungen, Begrenzungen und Rechtsverordnungen darf jede Federal Reserve bank von einer Filiale oder agency einer Auslandsbank in der gleichen Art und in gleichem Umfang Einlagen annehmen, indossierte Wertpapiere diskontieren und Darlehen gewähren, wie sie dies gegenüber Mitgliedsbanken zu tun berechtigt ist, sofern diese Filiale oder agency bei der Reserve bank gemäß § 7 International Banking Act 1978 Reserven unterhält. Bei Ausübung ihrer Rechte gegenüber einer solchen Filiale oder agency hat jede Federal Reserve bank die Salden, die diese Filiale oder agency auf Konten bei der Reserve bank hält, und den Anteil der Aktiva, den diese Filiale oder agency als Reserve nach § 7 International Banking Act 1978 hält, angemessen zu berücksichtigen. Im Sinne dieses Absatzes haben die Begriffe „Filiale", „agency" und „Auslandsbank" dieselbe Bedeutung wie in § 1 International Banking Act 1978."

(c) (1) Der Board ist berechtigt, bei jeder Filiale oder agency einer Auslandsbank und jeder Kreditgesellschaft oder Bank, die abhängig ist von einer oder mehreren Auslandsbanken oder von einer oder mehreren ausländischen Gesellschaften, die eine Auslandsbank beherrschen, Prüfungen vorzunehmen; die Kosten hierfür sind der ausländischen Bank oder Gesellschaft aufzuerlegen und von dieser zu bezahlen. Soweit es möglich ist, hat der Board von den Prüfungsberichten des Comptroller, der Federal Insurance Corporation oder der zuständigen einzelstaatlichen Bankenaufsichtsbehörde für Zwecke dieses Absatzes Gebrauch zu machen.

(2) Auf jede Filiale oder agency einer Auslandsbank, die keine Filiale oder agency nach Bundesrecht ist, finden Absatz 20 sowie die Bestimmung über den Geschäftsbericht in Absatz 6 von § 9 Federal Reserve Act (12 U.S.C. 335 und 324) in dem Umfang und in der Weise Anwendung, als wäre die Filiale oder agency eine Mitgliedsbank mit einzelstaatlicher Zulassung. Zusätzlich zu den Anforderungen nach § 4 dieses Gesetzes unterliegt jede Filiale oder agency nach Bundesrecht den Bestimmungen des Absatzes (a) von § 11 Federal Reserve Act (12 U.S.C. 248 a) und des Absatzes 5 von § 21 Federal Reserve Act (12 U.S.C. 483) in gleichem Umfang und in gleicher Weise wie eine Mitgliedsbank.

(d) Innerhalb von zwei Jahren nach Inkrafttreten dieses Gesetzes hat der Board nach Beratung mit den zuständigen einzelstaatlichen Bankenaufsichtsbehörden dem Committee on Banking, Finance and Urban Affairs des Repräsentantenhauses und dem Committee on Banking, Finance and Urban Affairs des Senats der Vereinigten Staaten seine Empfehlungen für die Durchführung dieses Gesetzes abzugeben; aufzunehmen sind darin auch Vorschläge zu Anforderungen, wie etwa Beschränkungen von Darlehen an Beteiligungsgesellschaften oder Erfordernisse hinsichtlich der Angemessenheit der Eigenkapitalausstattung, die an ausländische Banken zum Zweck der Durchführung dieses Gesetzes gestellt werden sollen. Spätestens 180 Tage nach Inkrafttreten dieses Gesetzes hat der Board diesen Ausschüssen mitzuteilen, welche Schritte unternommen worden sind, um die nach Absatz (a) (1) (B) erforderliche Absprache und Zusammenarbeit mit den einzelstaatlichen Bankenaufsichtsbehörden herbeizuführen.

Bankfremde Tätigkeiten

§ 8

(a) Soweit in dieser Vorschrift nichts anderes bestimmt ist, unterliegen (1) jede Auslandsbank, die eine Filiale oder agency in einem Einzelstaat unterhält, (2) jede ausländische Bank oder Gesellschaft, die eine Auslandsbank mit beherrschendem Einfluß auf eine nach dem Recht eines Einzelstaates gegründete Kreditgesellschaft beherrscht, sowie (3) jede Gesellschaft, die eine ausländische Bank oder Gesellschaft der in Ziffern (1) und (2) genannten Art als Tochtergesellschaft hat, den Bestimmungen des Bank Holding Company Act 1956 sowie den §§ 105 und 106 der Bank Holding Company Act Amendments 1970 im gleichen Umfang und in gleicher Weise wie Bankholding Gesellschaften, jedoch mit der Ausnahme, daß eine solche ausländische Bank oder Gesellschaft aufgrund dieses Absatzes nicht als Bankholding Gesellschaft im Sinne des § 3 Bank Holding Company Act 1956 gilt.

(b) Bis zum 31. Dezember 1985 darf eine ausländische Bank oder andere Gesellschaft, auf die am Tage des Inkrafttretens dieses Gesetzes Absatz (a) Anwendung findet, das unmittelbare oder mittelbare Eigentums- oder Kontrollrecht an stimmberechtigten Anteilen an im bankfremden Geschäftsbereich in den USA tätigen Gesellschaften behalten, die bereits am Tage des Inkrafttretens dieses Gesetzes in ihrem Eigentum standen, von ihr kontrolliert oder mit dem Recht zur Stimmausübung gehalten wurden; sie ist ferner berechtigt, jede bankfremde Geschäftstätigkeit in den Vereinigten Staaten auszuüben, die sie bereits am Tage des Inkrafttretens dieses Gesetzes ausgeübt hat.

(c) Nach dem 31. Dezember 1985 darf eine ausländische Bank oder andere Gesellschaft, auf die am Tage des Inkrafttretens dieses Gesetzes Absatz (a) Anwendung findet, bankfremde Geschäftstätigkeiten in den Vereinigten Staaten fortführen, die sie unmittelbar oder durch eine Beteiligungsgesellschaft rechtmäßig bereits am 26. Juli 1978 ausübte (oder zu einem späteren Zeitpunkt als dem 26. Juli 1978, wenn es sich um die Fortsetzung von Tätigkeiten infolge des direkten oder indirekten Erwerbs einer anderen Gesellschaft handelt, die zum Zeitpunkt des Erwerbs derartige Tätigkeiten ausübte, und der Erwerb aufgrund eines am 26. Juli 1978 oder zu einem früheren Zeitpunkt geschlossenen bindenden schriftlichen Vertrags erfolgte); sie darf ferner unmittelbar oder durch eine Beteiligungsgesellschaft bankfremde Geschäftstätigkeiten in den Vereinigten Staaten ausüben, wenn sie den dazu erforderlichen Antrag am 26. Juli 1978 oder zu einem früheren Zeitpunkt gestellt hatte. Jedoch kann der Board nach Gewährung der Gelegenheit zur Anhörung im Wege der Anordnung die einer ausländischen Bank oder Gesellschaft nach Absatz (c) eingeräumte Befugnis, unmittelbar oder durch eine Beteiligungsgesellschaft eine Tätigkeit auszuüben, die an sich nach Absatz (c) erlaubt wäre, entziehen, wenn er bei gebührender Berücksichtigung der Zwecke dieses Gesetzes und des Bank Holding Company Act 1956 zu der Entscheidung gelangt ist, daß ein solches Vorgehen notwendig sei, um eine nicht gerechtfertigte Konzentration von Mitteln, eine Verringerung oder Verschlechterung des Wettbewerbes, einen Widerstreit von Interessen oder ungesunde Bankpraktiken in den Vereinigten Staaten zu vermeiden. Unbeschadet der Bestimmungen des Absatzes (a) dieser Vorschrift darf eine ausländische Bank oder Gesellschaft der in diesem Absatz (c) bezeichneten Art das Eigentums- oder Kontrollrecht an stimmberechtigten Anteilen an solchen seit 1978 in inländischem Mehrheitsbesitz stehenden Beteiligungsgesellschaften behalten (oder stimmberechtigte Anteile hinzu erwerben, soweit dies notwendig ist, um die Verringerung ihres Stimmrechtsanteils zu vermeiden), die das Emissionsgeschäft, den Vertrieb oder Ankauf oder Verkauf von Aktien, Schuldverschreibungen und anderer Wertpapiere in den Vereinigten Staaten betreiben. Mit Ausnahme der im vorangehenden Satz bezeichneten Beteiligungsgesellschaften ist aufgrund dieses Absatzes (c) weder eine ausländische Bank oder Gesellschaft der in diesem Absatz (c) genannten Art noch deren Beteiligungsgesellschaft berechtigt, die nach diesem Absatz (c) erlaubten Geschäfte durch Erwerb von Beteiligungen an Gesellschaften, die solche Geschäfte tätigen, oder durch Erwerb deren Vermögens auszuüben, wenn der Erwerb aufgrund eines nach dem 26. Juli 1978 geschlossenen Vertrags erfolgte. Eine ausländische Bank oder Gesellschaft, die an sich Geschäftstätigkeiten nach diesem Absatz (c) ausüben darf, jedoch aufgrund einer Maßnahme des Board zur Einstellung dieser Tätigkeiten verpflichtet wurde, darf das Eigentum an Anteilen einer Gesellschaft, die solche Geschäftstätigkeiten ausübt, oder die Kontrolle über diese Anteile für weitere zwei Jahre vom Tage des Entzugs ihrer Erlaubnis durch den Board beibehalten. Im Sinne dieses Absatzes ist eine „Beteiligungsgesellschaft" jede Gesellschaft, bei der mehr als 5 % ihrer stimmberechtigten Anteile unmittelbar oder mittelbar im Eigentum der genannten ausländischen Bank oder Gesellschaft stehen, von dieser kontrolliert oder mit dem Recht zur Stimmausübung gehalten werden; eine „seit 1978 im inländischen Mehrheitsbesitz befindliche Beteiligungsgesellschaft" ist jede Beteiligungsgesellschaft, bei der die Mehrheit der stimmberechtigten Anteile im Eigentum einer nach dem Recht der Vereinigten Staaten oder eines Einzelstaates gegründeten Gesellschaft oder Gruppe von Gesellschaften steht, wenn der inländische Mehrheitsbesitz seit dem 26. Juli 1978 ununterbrochen bestand und wenn eine Auslandsbank oder Gruppe von Auslandsbanken weder unmittelbar noch mittelbar 25 % oder mehr ihrer stimmberechtigten Anteile im Eigentum hat oder diese kontrolliert.

(d) Die Bestimmungen dieser Vorschrift über eine Filiale oder agency einer Auslandsbank oder eine Kreditgesellschaft, die im Mehrheitsbesitz einer Auslandsbank oder ausländischen Gesellschaft, die eine Auslandsbank beherrscht, steht, stellen keine Definition des Begriffs „Bank" im Sinne des Bank Holding Company Act 1956 oder des § 105 Bank Holding Company Act Amendments 1970 dar; jedoch gilt eine solche Filiale, agency oder Tochter-Kreditgesellschaft als „Bank" oder „Bank-Tochtergesellschaft" bei Anwendung der in § 106 Bank Holding Company Act Amendments 1970 enthaltenen Verbote und der in § 4 (c) (1), § 4 (c) (2), § 4 (c) (3) und § 4 (c) (4) Bank Holding Company Act 1956 (12 U.S.C. 1843 [c] [1], [2], [3] und [4]) enthaltene Ausnahmen auf eine ausländische Bank oder andere Gesellschaft, auf die Absatz (a) Anwendung findet.

(e) § 2 (h) Bank Holding Company Act 1956 wird geändert (1) durch Streichung von „(h) Die" und durch Einfügen an dieser Stelle von „(h) (1) Vorbehaltlich der Bestimmungen des Unterabsatzes (2) wird die", (2) durch Streichung des Vorbehalts und (3) durch Hinzufügen folgenden Textes an das Ende:

„ (2) Die Verbote des § 4 dieses Gesetzes gelten nicht für Anteile an einer nach dem Recht eines ausländischen Staates gegründeten Gesellschaft, die im wesentlichen Geschäfte außerhalb der Vereinigten Staaten betreibt (oder für Anteile, die von einer solchen Gesellschaft an einer Gesellschaft gehalten werden, die in demselben Geschäftsbereich wie die investierende Gesellschaft tätig ist oder in einem Geschäftsbereich, der mit dem Geschäft der investierenden Gesellschaft in Beziehung steht), wenn solche Anteile von einer Bankholding Gesellschaft gehalten oder erworben werden, die nach dem Recht eines ausländischen Staates gegründet worden ist und im wesentlichen das Bankgeschäft außerhalb der Vereinigten Staaten betreibt, mit der Ausnahme, (1) daß eine solche vom Verbot ausgenommene ausländische Gesellschaft (A) nur in dem Umfang das Emissionsgeschäft, den Verkauf oder Vertrieb von Wertpapieren in den Vereinigten Staaten betreiben darf oder Anteile an einer dieses Geschäft betreibenden Gesellschaft erwerben darf, wie dies eine Bankholding Gesellschaft nach diesem Gesetz und den vom Board aufgrund dieses Gesetzes erlassenen Rechtsverordnungen oder Anordnungen dürfte und (B) Bank- oder Finanzgeschäfte oder Tätigkeiten der Art, die nach § 4 (c) (8) oder einer vom Board aufgrund dieser Vorschrift erlassenen Anordnung oder Rechtsverordnung erlaubt sind, in den Vereinigten Staaten nur mit vorheriger Erlaubnis des Board nach dieser Vorschrift betreiben darf, und (2) daß keine inländische Geschäftsstelle oder Tochtergesellschaft einer Bankholding Gesellschaft oder deren Tochtergesellschaft, die Anteile an einer solchen Gesellschaft hält, Darlehen an eine inländische Geschäftsstelle oder Tochtergesellschaft einer derartigen vom Verbot ausgenommenen Gesellschaft zu günstigeren Bedingungen vergeben darf, als denen, die für vergleichbare Darlehensnehmer in den Vereinigten Staaten gelten".

Untersuchung über die Behandlung von US-Banken im Ausland

§ 9

(a) Innerhalb von 90 Tagen nach Inkrafttreten dieses Gesetzes hat der Finanzminister zusammen mit dem Außenminister, dem Board, dem Comptroller und der Federal Deposit Insurance Corporation eine Untersuchung darüber einzuleiten, in welchem Umfang Banken, die nach dem Recht der Vereinigten Staaten oder eines ihrer Einzelstaaten gegründet worden sind, bei der Führung ihrer Bankgeschäfte in ausländischen Staaten durch Gesetz oder tatsächliches Handeln eine Gleichbehandlung mit den dortigen inländischen Banken verwehrt wird, und welche Auswirkungen eine solche Ungleichbehandlung auf die Exporte der Vereinigten Staaten in jene Länder hat. Ein Jahr nach Inkrafttreten dieser Vorschrift oder zu einem früheren Zeitpunkt hat der Finanzminister dem Kongreß seine aus dieser Untersuchung gewonnenen Feststellungen, Ergebnisse und Empfehlungen mitzuteilen und darzulegen, welche Anstrengungen von den Vereinigten Staaten unternommen worden sind, ausländische Gesetze oder Praktiken zu beseitigen, die nach dem Recht der Vereinigten Staaten oder eines ihrer Einzelstaaten gegründete Banken unterschiedlich behandeln oder die Finanzierung von Exporten der Vereinigten Staaten in ausländische Staaten behindern.

(b) (1) Jede Filiale oder agency einer Auslandsbank und jede Kreditgesellschaft, die von einer oder mehreren Auslandsbanken oder einer oder mehreren ausländischen Gesellschaften, die auf eine Auslandsbank einen beherrschenden Einfluß ausüben, abhängig ist, muß ihre Geschäftstätigkeit in den Vereinigten Staaten unter genauer Beachtung aller gesetzlichen Bestimmungen der Vereinigten Staaten oder eines ihrer Einzelstaaten führen, die (A) die Ungleichbehandlung von natürlichen oder anderen Personen aufgrund der Rasse, der Hautfarbe, des Glaubens, des Geschlechtes, des Familienstandes, des Alters, der nationalen Herkunft (I) dieser natürlichen oder anderen Person oder (II) eines leitenden Angestellten, eines director, eines Arbeitnehmers oder eines Gläubigers dieser natürlichen oder anderen Personen oder eines Inhabers eines Rechts an einer solchen Person verbieten und (B) auf Banken mit Bundeszulassung oder Banken mit einer einzelstaatlichen Zulassung Anwendung finden, die in dem Einzelstaat Geschäfte tätigen, in dem jeweils die Filiale, agency oder Kreditgesellschaft Geschäfte tätigt.

(2) Einem Antrag auf Genehmigung einer Filiale oder agency darf vom Comptroller oder einer einzelstaatlichen Bankenaufsichtsbehörde nur stattgegeben werden, wenn sich das antragstellende Institut verpflichtet hat, alle seine Geschäfte in den Vereinigten Staaten unter genauer Beachtung aller gesetzlicher

Bestimmungen der Vereinigten Staaten oder eines ihrer Einzelstaaten zu führen, die (A) die Ungleichbehandlung von natürlichen oder anderen Personen aufgrund der Rasse, der Hautfarbe, des Glaubens, des Geschlechts, des Familienstandes, des Alters, oder der nationalen Herkunft (I) dieser natürlichen oder anderen Personen oder (II) eines leitenden Angestellten, eines director, eines Arbeitnehmers oder eines Gläubigers dieser natürlichen oder anderen Person oder eines Inhabers eines Rechts an einer solchen Person verbieten und (B) auf Banken mit Bundeszulassung oder Banken mit einer einzelstaatlichen Zulassung Anwendung finden, die in dem Staat Geschäfte tätigen, in dem das zu gründende Institut Geschäfte tätigen wird.

Repräsentanzen

§ 10

(a) Eine Auslandsbank, die in einem Einzelstaat eine Geschäftsstelle unterhält, die keine Filiale oder agency ist, hat beim Finanzminister entsprechend den von diesem erlassenen Rechtsverordnungen die Eintragung innerhalb einer Frist von 180 Tagen nach dem Inkrafttreten dieses Gesetzes oder nach dem Tag der Errichtung der Geschäftsstelle zu bewirken; entscheidend für den Fristbeginn ist der jeweils spätere Zeitpunkt.

(b) Dieses Gesetz ermächtigt nicht zur Errichtung einer solchen Geschäftsstelle in einem Einzelstaat entgegen dem Recht des Einzelstaates.

Unterlassungsverfügungen

§ 11

Absatz (b) von § 8 Federal Deposit Insurance Act (12 U.S.C. 1818 [b]) wird durch Hinzufügen des folgenden neuen Unterabsatzes an sein Ende ergänzt: „(4) Dieser Absatz und die Absätze (c), (d), (h), (i), (k), (l), (m) und (n) dieser Vorschrift finden auf jede ausländische Bank oder Gesellschaft, auf die Absatz (a) von § 8 International Banking Act 1978 Anwendung findet, sowie auf jede Tochtergesellschaft (die keine Bank ist) einer solchen ausländischen Bank oder Gesellschaft in der gleichen Weise Anwendung, wie sie aufgrund des Unterabsatzes (3) dieses Absatzes auf eine Bankholding Gesellschaft und deren Tochtergesellschaften (die keine Banken sind) Anwendung finden".

Änderung des Banking Act 1933

§ 12

§ 21 Banking Act 1933 (12 U.S.C. 378) wird durch Streichung des Teils (B) in Unterabsatz (2) des Absatzes (a) und durch Einsetzen des folgenden Textes an dieser Stelle neu gefaßt: „(B) der Betrieb eines solchen Geschäfts von den Vereinigten Staaten, einem Einzelstaat, Territorium oder Distrikt erlaubt wird und aufgrund der Gesetze der Vereinigten Staaten, eines solchen Einzelstaates, Territoriums oder Distrikts einer Prüfung und Regelungen unterworfen wird, oder".

Verordnung und Durchsetzung

§ 13

(a) Der Comptroller, der Board und die Federal Deposit Insurance Corporation sind berechtigt und ermächtigt, Rechtsverordnungen und Anordnungen zu erlassen, die sie zur Erfüllung ihrer jeweiligen Pflichten und Aufgaben nach diesem Gesetz und zur Durchführung und Verwirklichung der Bestimmungen und Zwecke dieses Gesetzes und zur Verhütung von deren Umgehung für erforderlich halten.

(b) Außer im Wege der übrigen kraft Gesetzes eröffneten Weisungsrechte, Maßnahmen oder Zwangsmittel kann die Befolgung der Bestimmungen dieses Gesetzes oder jeder durch dieses Gesetz erfolgten Gesetzesänderung gemäß § 8 Federal Deposit Insurance Act durch jede in jenem Gesetz bestimmte zuständige Bankenaufsichtsbehörde erzwungen werden.

(c) Der Board ist für die Auslegung, Ausführung und Durchsetzung jeder Bestimmung des Federal Reserve Act zuständig, die aufgrund dieses Gesetzes auf eine Auslandsbank oder deren Filiale anzuwenden ist und die durch den Federal Deposit Insurance Act im Wege der Verweisung auf den Federal Reserve Act oder durch eine im wesentlichen gleichlautende Bestimmung des Federal Deposit Insurance Act auf versicherte Banken ohne Mitgliedschaft erstreckt worden ist, soweit jene Bestimmung sich auf eine Auslandsbank oder deren Filiale bezieht, für die der Board eine zuständige bundesstaatliche Bankenbehörde ist; wird jedoch von einer solchen Bestimmung die Abgabe eines Berichts an den Board oder eine Federal Reserve bank gefordert, kann die Federal Deposit Insurance Corporation die unmittelbare Übersendung einer Ausfertigung eines solchen Berichts an sich verlangen. Dieser Absatz beschränkt nicht das Recht der Federal Deposit Insurance Corporation, regelmäßige oder außergewöhnliche Prüfungen vorzunehmen oder besondere Berichte zu verlangen.

Bericht über den McFadden Act

§ 14

(a) Der Präsident hat im Benehmen mit dem Justizminister, dem Finanzminister, dem Board, dem Comptroller sowie der Federal Deposit Insurance Corporation dem Kongreß einen Bericht vorzulegen, der seine Empfehlungen hinsichtlich der Anwendbarkeit des McFadden Act auf die gegenwärtige Finanz-, Bank- und Wirtschaftslage sowie eine Untersuchung über die Auswirkungen aller im Hinblick auf die Bankenstruktur und die allgemeine Finanz- und Wirtschaftslage vorgeschlagenen Änderungen jenes Gesetzes zu enthalten hat.

(b) Der nach Absatz (a) abzugebende Bericht ist dem Kongreß nicht später als ein Jahr nach Inkrafttreten dieses Gesetzes vorzulegen.

Verabschiedet am 17. September 1978.

III. REGULATION K

Text der Regulation K über nonbanking activities of foreign banking organizations (12 CFR § 211.23 vom 3. Januar 1981)

§ 211.23 Nonbanking activities of foreign banking organizations.

(a) *Definitions.* The definitions of § 211.2 in Subpart A apply to this section subject to the following:

(1) "Directly or indirectly" when used in reference to activities or investments of a foreign banking organization means activities or investments of the foreign banking organization or of any subsidiary of the foreign banking organization.

(2) "Foreign banking organization" means a foreign bank (as defined in section 1 (b) (7) of the IBA) that operates a branch, agency, or commercial lending company subsidiary in the United States or that controls a bank in the United States; and a company of which such foreign bank is a subsidiary.

(3) "Subsidiary" means an organization more than 25 per cent of the voting stock of which is held directly or indirectly by a foreign banking organization or which is otherwise controlled or capable of being controlled by a foreign banking organization.

(b) *Qualifying foreign banking organizations.* Unless specifically made eligible for the exemptions by the Board, a foreign banking organization shall qualify for the exemptions afforded by this section only if, disregarding its United States banking, more than half of its worldwide business is banking; and more than half of its banking business is outside the United States. In order to qualify, a foreign banking organization shall:

(1) Meet at least two of the following requirements:

(i) Banking assets held outside the United States[1] exceed total worldwide nonbanking assets;

(ii) Revenues derived from the business of banking outside the United States exceed total revenues derived from its worldwide nonbanking business;

(iii) Net income derived from the business of banking outside the United States exceeds total net income derived from its worldwide nonbanking business; and

---

1) None of the direct or indirect assets, revenues, or net income of a United States subsidiary bank, branch, agency, commercial lending company, or other company engaged in the business of banking in the United States shall be considered held or derived from the business of banking "outside the United States."

(2) Meet at least two of the following requirements:

(i) Banking assets held outside the United States exceed banking assets held in the United States;

(ii) Revenues derived from the business of banking outside the United States exceed revenues derived from the business of banking in the United States;

(iii) Net income derived from the business of banking outside the United States exceeds net income derived from the business of banking in the United States.

(c) *Determining assets, revenues, and net income* (1) For purposes of paragraph (b) of this section, the total assets, revenues, and net income of an organization may be determined on a consolidated or combined basis. Assets, revenues and net income of companies in which the foreign banking organization owns 50 per cent or more of the voting shares shall be included when determining total assets, revenues, and net income. The foreign banking organization may include assets, revenues, and net income of companies in which it owns 25 per cent or more of the voting shares if all such companies within the organization are included;

(2) Assets devoted to, or revenues or net income derived from, activities listed in § 211.5 (d) shall be considered banking assets, or revenues or net income derived from the banking business, when conducted within the foreign banking organization by a foreign bank or its subsidiaries.

(d) *Loss of eligibility for exemptions.* A foreign banking organization that qualified under paragraph (b) of this section or an organization that qualified as a "foreign bank holding company" under § 225.4 (g) of Regulation Y (12 CFR 225.4 (g) (1980))[2] shall cease to be eligible for the exemptions of this section if it fails to meet the requirements of paragraph (b) for two consecutive years as reflected in its Annual Reports (F.R. Y-7) filed with the Board. A foreign banking organization that ceases to be eligible for the exemptions may continue to engage in activities or retain investments commenced or acquired prior to the end of the first fiscal year for which its Annual Report reflects nonconformance with paragraph (b) of this section. Activities commenced or investments made after that date shall be terminated or divested within three months of the filing of the second Annual Report unless the Board grants consent to continue the activity or retain the investment under paragraph (e) of this section.

(e) *Specific determination of eligibility for nonqualifying foreign banking organizations.* A foreign banking organization that does not qualify under paragraph (b) of this section for the exemptions afforded by this

2) " '(F)oreign bank holding company' means a bank holding company organized under the laws of a foreign country, more than half of whose consolidated assets are located or consolidated revenues derived, outside the United States." (12 CFR 225.4 (g) (iii) (1980)).

section, ot that has lost its eligibility for the exemptions under paragraph (d) of this section, may apply to the Board for a specific determination of eligibility for the exemptions. A foreign banking organization may apply for a specific determination prior to the time it ceases to be eligible for the exemptions afforded by this section. In determining whether eligibility for the exemptions would be consistent with the purposes of the BHCA and in the public interest, the Board shall consider the history and the financial and managerial resources of the organization; the amount of its business in the United States; the amount, type and location of its nonbanking activities; and whether eligibility of the foreign banking organization would result in undue concentration of resources, decreased or unfair competition, conflicts of interests, or unsound banking practices. Such determination shall be subject to any conditions and limitations imposed by the Board.

(f) *Permissible activities and investments.* A foreign banking organization that qualifies under paragraph (b) may:

(1) Engage in activities of any kind outside the United States;

(2) Engage directly in activities in the United States that are incidential to its activities outside the United States;

(3) Own or control voting shares of any company that is not engaged, directly or indirectly, in any activities in the United States other than those that are incidental to the international or foreign business of such company:

(4) Own or control voting shares of any company in a fiduciary capacity under circumstances that would entitle such shareholding to an exemption under section 4 (c) (4) of the BHCA if the shares were held or acquired by a bank;

(5) Own or control voting shares of a foreign company that is engaged directly or indirectly in business in the United States other than that which is incidental to its international or foreign business, subject to the following limitations;

(i) More than 50 per cent of the foreign company's consolidated assets shall be located, and consolidated revenues derived from, outside the United States;

(ii) The foreign company shall not engage directly, nor own or control more than 5 per cent of the voting shares of a company that engages, in the business of underwriting, selling, or distributing securities in the United States except to the extent permitted bank holding companies;

(iii) If the foreign company is a subsidiary of the foreign banking organization, its direct or indirect activities in the United States shall be subject to the following limitations:

(A) The foreign company's activities in the United States shall be the

143

same kind of activities or related to the activities engaged in directly or indirectly by the foreign company abroad as measured by the "establishment" categories of the Standard Industrial Classifiaction (SIC) (an activity in the United States shall be considered related to an activity outside the United States if it consists of supply, distribution or sales in furtherance of the activity);

(b) The foreign company may engage in activities in the United States that consist of banking or financial operations, or types of activities permitted by regulation or order under section 4 (c) (8) of the BHCA, only with the prior approval of the Board. Activities within Division H (Finance, Insurance, and Real Estate) of the SIC shall be considered banking or financial operations for this purpose, with the exception of acting as operators of nonresidential buildings (SIC 6512), operators of apartment buildings (SIC 6513), operators of dwellings other than apartment buildings (SIC 6514), and operators of residential mobile home sites (SIC 6515); and operating title abstract offices (SIC 6541). In addition, the following activities shall be considered banking or financial operations and may be engaged in only with the approval of the Board under subsection (g): computer and data processing services (SIC 7372, 7374 and 7379); management consulting (SIC 7392); certain rental and leasing activities (SIC 7394, 7512, 7513 and 7519); accounting, auditing and bookkeeping services (SIC 8931); and arrangement of passenger transportation (SIC 4722).

(g) *Exemptions under section 4 (c) (9) of the BHCA.* A foreign organization that is of the opinion that other activities or investments may, in particular circumstances, meet the conditions for an exemption under section 4 (c) (9) of the BHCA may apply to the Board for such a determination by submitting to the Reserve Bank of the district in which its banking operations in the United States are principally conducting a letter setting forth the basis for that opinion.

(h) *Reports.* (1) The foreign banking organization shall inform the Board through the organization's Reserve Bank within 30 days after the close of each quarter of all shares of companies engaged, directly or indirectly, in activities in the United States that were acquired during such quarter under the authority of this section. The foreign banking organization shall also report any direct activities in the United States commenced during such quarter by a foreign subsidiary of the foreign banking organization. This information shall (unless previously furnished) include a brief description of the nature and scope of each company's business in the United States, including the 4-digit SIC numbers of the activities in which the company engages. Such information shall also include the 4-digit SIC numbers of the direct parent of any U.S. company acquired, together with a statement of total assets and revenues of the direct parent.

(2) If any required information is unknown and not reasonably available to the foreign banking organization, either because obtaining it would involve unreasonable effort or expense or because it rests peculiarly within the knowledge of a company that is not controlled by the organizations, the organization shall (i) give such information on the subject as it possesses or can reasonably acquire together with the sources thereof; and (ii) include a statement either showing that unreasonable effort or expense would be involved or indicating that the company whose shares were acquired is not controlled by the organization and stating the result of a request for information.

(3) A request for information required by this paragraph need not by made of any foreign government, or an agency or instrumentality thereof, if, in the opinion of the organization, such request would be harmful to existing relationships.

IV. Literaturverzeichnis

Andreae, Le régime fiscal des „international banking facilities" établies à New York, Banque 1981, 1211

Aronstein, Henck, Franke, Amerikanisches Wirtschaftsrecht, Betriebs-Berater 1981, Beilage 2 zu Heft 6.

Barnett, Horvitz, Silverberg, Deposit insurance: the present system and some alternatives, 1977 The Banking Law Journal, 304.

Bellanger, Les zones bancaires on-shore aux Etats-Unis: peuvent-elles ramener le dollar à sa source, Banque 1981, 1205

Böttger, Nachrangige Verbindlichkeiten als Eigenkapital in den USA, ZfgK 1981, 665.

Brown, Interstate banking and a report frome the test site, 1981 The Banking Law Journal, 616.

Clark, Saunders, Judicial interpretation of Glass-Steagall: the need for legislative action, 1980 The Banking Law Journal, 721.

Cobb, A shot in the arm for Edge Act Corporations, 1980 The Banking Law Journal, 236.

Deak, Mechanismus der Bankenaufsicht in den Vereinigten Staaten, Österreichisches Bankarchiv 1981, 34.

Dormanns, Auslandsbanken in den USA, Die Bank 1980, 263.

ders., Die amerikanischen Banken − das System und die derzeitigen Reformbestrebungen, Bank-Betrieb 1976, 191 ff., 241 ff.

ders., Fed befürwortet international banking facilities, Die Bank 1981, 70.

Farrar, Raiken, Clarke, Choice of home state under the International Banking Act 1978, 1980 The University of Illinois Law Forum, 91.

Fischer, The structure of the commercial banking system 1960 - 1985, 62 The Journal of Commercial Bank Lending, 54.

Fitzsimmons, FDIC compliance by noninsured foreign bank branches, 1980 The Banking Law Journal, 435.

Foorman, Revised Regulation K: Selected issues affecting Banking Edge Corporations, 1980 The University of Illinois Law Forum, 41.

Frommel, Bankensystem und Finanzierungsmethoden in den USA, Mitteilungen der Bundesstelle für Außenhandelsinformation, Juni 1975.

Gerber, Peltzer, International Banking Act of 1978, ZfgK 1980, 134.

Glidden, Shockey, U.S. branches and agencies of foreign banks: A comparison of the federal and state chartering options, 1980 The University of Illinois Law Forum, 65.

Goldberg, Saunders, The growth of organizational forms of foreign banks in the U.S., 1981 Journal of Money, Credit and Banking, 365.

Gruson, Abrell, Beschränkungen der nicht bankgeschäftlichen Aktivitäten ausländischer Banken in den Vereinigten Staaten, RIW 1980, 457.

Gruson, Weld, Nonbanking activities of foreign banks operating in the United States, 1980 The University of Illinois Law Forum, 129.

Hablutzel, Lutz, Foreign banks in the United States after the International Banking Act 1978: the new dual system, 1979 The Banking Law Journal, 133.

Hackley, Our baffling banking system, 52 Virginia Law Review, 565.

Hew, Entwicklungstendenzen im amerikanischen Bankensystem, Bern, Stuttgart 1976.

Imhof, Einlagensicherung in den USA, ZfgK 1980, 57 ff.

Ireland, International banking facilities: the Bahamas eyes its future, The Banker, Juli 1981, 51.

Karamel, Glass-Stegall: Some critical reflections, 1980 The Banking Law Journal, 631.

Kaufmann, Einlagenversicherung in den USA, ZfgK 1978, 762.

Kleinheyer, Bankenfreihandelszonen in den USA. 1981 Kredit und Kapital. 412.

Klopstock, Foreign banks in the United States: Scope and growth of operations, 1973 Federal Reserve Bank of New York, Monthly Review, 140.

Kolb, Multistate branching and the International Banking Act of 1978, 1978 Lawyer of the Americas, 151.

Lascelles, Fed clears the way for offshore banking, The Banker, Februar 1981, 89.

Lehr, Hammond, Regulating foreign acquisition of U.S. Banks: The CBCA and the BHCA, 1980 The Banking Law Journal, 100.

Mildenstein, Die Bankfilialpolitik in den USA, ZfgK 1977, 676.

Möschel, Das Trennsystem in der U.S.-amerikanischen Bankwirtschaft, Studien zum Bank- und Börsenrecht (Hrsg. Prof. Dr. Immenga), Band 3, Baden-Baden 1978.

Morschbach, Reform der Filialgesetzgebung in den USA, Österreichisches Bank-Archiv 1981, 176.

(Note), Will the barriers come down?, The Banker, März 1981, 9.

Osthoff, Strukturveränderungen im amerikanischen Bankwesen, Die Bank 1981, 122.

(ohne Verfassernamen) Die europäischen Banken wollen sich wehren, Handelsblatt vom 3. 8. 1976.

(ohne Verfassernamen), Weiterer Ausbau des „interstate banking" Die Bank 1981, 126.

(ohne Verfassernamen), The nonbanking activities of foreign banks and The International Banking Act 1978, 1980 The University of Illinois Law Forum, 325.

Patrikis, Marginal reserve requirement on branches and agencies of foreign banks, 1980 The University of Illinois Law Forum, 111.

Reisner, A developmental perspective on the International Banking Act of 1978, 1980 The University of Illinois Law Forum, 1.

Schneider, U. H., Das haftende Eigenkapital im amerikanischen Bankenaufsichtsrecht, in: Festschrift für Zajtay, Tübingen 1982 (im Druck).

Schulz-Hennig, Bank Holding Companies im Wirtschaftsrecht der USA, Studien zum Bank- und Börsenrecht (Hrsg. Prof. Dr. Immenga), Band 5, Baden-Baden 1980.

Scott, The patchwork quilt: state and federal roles in bank regulation, 32 Stanford Law Review, 687.

Shay, Interstate bank restrictions of the International Banking Act and Bank Holding Company Acts, 1980 The Banking Law Journal, 524.

Stuhldreher, Baker, Bankers' attitudes towards US foreign bank regulation, The Banker, Januar 1981, 29.

Taymans, La réglementation des banques étrangères aux Etats-Unis, avant et après le passage de l' „International Banking Act of 1978", Revue de la Banque, 1979, 181.

Uebe, Die Zahl der Auslandsbanken in den USA ist sprunghaft gestiegen, Handelsblatt vom 30. März 1977.

Via, Jr. Some thougts on evaluating the tripartite federal bank regulatory system, 1976 The Banking Law Journal, 509.

V. Stichwortverzeichnis